How to Love Teaching Again

Work Smarter, Beat Burnout, and Watch Your Students Thrive

如何爱上教学

给倦怠期教师的建议

[美] 杰米·西尔斯 Jamie Sears 著

中国青年出版社

图书在版编目（CIP）数据

如何爱上教学：给倦怠期教师的建议 / (美) 杰米·西尔斯著；余李译. -- 北京：中国青年出版社，2024. 8. -- ISBN 978-7-5153-7360-7

Ⅰ. G424.1

中国国家版本馆CIP数据核字第2024WY1839号

如何爱上教学：给倦怠期教师的建议

作　　者：[美] 杰米·西尔斯
译　　者：余　李
责任编辑：肖妩嫔
文字编辑：侯雯洁
美术编辑：佟雪莹
出　　版：中国青年出版社
发　　行：北京中青文文化传媒有限公司
电　　话：010-65511272 / 65516873
公司网址：www.cyb.com.cn
购书网址：zqwts.tmall.com
印　　刷：大厂回族自治县益利印刷有限公司
版　　次：2024年8月第1版
印　　次：2024年8月第1次印刷
开　　本：787mm × 1092mm　1/16
字　　数：171千字
印　　张：12.5
京权图字：01-2023-3825
书　　号：ISBN 978-7-5153-7360-7
定　　价：49.90元

CONTENTS

目 录

引 言 007

第一章 优秀教师的标准 017

谎言❶爱加班的老师就是好老师 022

谎言❷爱创新的老师就是好老师 024

谎言❸学生考高分的老师就是好老师 025

步骤❶用一个词或短语描述你想成为的教师类型 029

步骤❷用一个词或短语描述你想达到的课堂效果 030

步骤❸你一周想工作几个小时 030

步骤❹不工作的时候，你会做什么 032

步骤❺整合答案，形成你对成功的个人定义 033

第二章 摒弃你的待办事项清单 037

步骤❶买一份有足够的书写空间的硬壳日程本 041

步骤❷每个周末留出一个小时来计划下周的工作 042

步骤❸在做周计划前，先进行大脑转储训练 043

步骤❹圈出本周必须完成的任务 044

步骤❺安排时间完成日程本上最重要的任务 045

步骤❻丢掉内疚情绪 047

第三章　批量制作教案　053
为什么批量备课是最好的办法　055
从准备进度指南开始　057
如何批量备课　059
安排批量计划　063
如何开始批量备课　063
根据学生需要进行调整　065
更多节省时间的备课技巧　066

第四章　简化教学　077
战略❶专注建立师生关系　079
战略❷花更多时间教授程序　083
战略❸简化你的系统　086
战略❹让差异化教学再次简化　089
战略❺让小组和中心变得更易于管理　091
战略❻简化进阶活动　098
战略❼爱上你最讨厌的科目　099
战略❽寓教于乐，化繁为简　101
有更多的灵光一现　104

第五章　评分的策略与技巧　107
战略❶停止给所有学生活动评分　111
战略❷使用更多非正式评估　112
战略❸不批改（或布置）家庭作业　114
战略❹不要给太多的中心活动评分　119

战略❺布置更容易评分的作业 120
战略❻加快对书面作答的评分 121
战略❼向家长寻求帮助 123
战略❽不要一边看电视一边批改作业 124
战略❾在日程本上标出评分工作安排 126
战略❿让评分工作尽可能有趣 127

第六章 专注你自己的赛道 131
优秀的教师不会追求“完美” 134
不要用你的台后对比他人的台前 136
不要拿你的第一幕对比他人的第二幕 137
一次尝试一种新事物 138
从容应对各种变化 142

第七章 设置界限 147
界限❶工作时间 150
界限❷工作邮件 152
界限❸寻找你的积极小分队 156
界限❹知道什么时候离开 159
沟通是关键 164

第八章 “勇敢坚毅的教师”的成就 167
如果你觉得你没有任何成就…… 171
庆祝你的成就 176
庆祝学生的成就 177

第九章 重新爱上教学的21天计划 181
第1天 写下你对成功的新定义 185
第2天 决定使用哪种日程本 185
第3天 确定工作时间 186
第4天 大脑转储和分类 186
第5天 任务规划 187
第6天 把握节奏 187
第7天 批量备课 188
第8天 让例行活动成为朋友 189
第9天 化繁为简 189
第10天 审核你的系统 190
第11天 使小组和中心活动更易于管理 190
第12天 玩最喜欢的游戏 191
第13天 增加趣味 191
第14天 少评分 192
第15天 非正式评估 192
第16天 写在日程本上 192
第17天 寻求帮助 193
第18天 设置界限 193
第19天 加入积极小分队 194
第20天 庆祝美好时光 194
第21天 分享好消息 195

致 谢 197

INTRODUCTION

引 言

我从未想过成为一名老师。

我儿时的很多伙伴都梦想着成为一名老师，但我没有。生活有时很疯狂，你最终得到的却是你从未想过的，不是吗？我的生活就是如此。

当我最终成了一名老师时，我知道我很难平衡工作与生活，我也知道自己不可能赚大钱。

但没人告诉我，我每周得工作60个小时。

我不知道自己得花钱买课、创课，没有意识到我还得为自己的书和教室的装修买单。

我当时有一些可笑的想法，我以为学生会带给我回报、家长会感谢我的付出，而我可以使用一切所需的教学工具，还能在4点准时下班。

所以你可以想象，当我在开学前一周入职，然后走进一间空荡荡的教室时，我有多么震惊。我记得我问楼下的老师，第一天应该让学生做些什么。她给了我一份她的学生活动安排表复印件。于是我问："哪里可以领到复印纸，我想给学生们复印这张表。"她轻轻笑了，然后告诉我，我得自己买纸。

而这才是个开始。在走进教室之前，我并不了解教学和考核标准，也不知道即将面对一份包含60多项标准的清单。我得把教学内容打散，完全按照这个标准来。而且我还不清楚考核会给学生带来多大的压力。当我还是个学生时，我认为标准化考试是在考查学生的水平。因为考试结束后，每个学生都会收到写着个人学术表现的成绩单。

但是当我当了老师以后，我才意识到考核是在检查我和我的表现。我的工资和考核挂钩，但是这些考核并没有考虑学生的成长。比如说一个孩子在进入3年级时只有1年级的阅读水平，通过刻苦学习，尽管他的阅读上升到2年级的水平，但他仍然无法通过3年级的考核。这让作为教师的我非常沮丧，而且也让学生们对自己的智力和能力有了错误的认识。这个制度对于所有人来说都是不公平的。

如果你所在的学区和我所在的学区一样，那么你所在的学校需要满足一定的考核标准才能获得州政府的全额资助。当学生在考核中表现不佳时，学校就面临预算削减和预算终止的问题，而你也可能因此丢掉工作。起初我真的不明白，为什么现在的压力跟我上学时相比要大那么多。但是等我当了一年老师之后，我获得了一些新的理解。

由于美国国家教育系统对学区提出了绩效要求，迫使学校管理者处罚表现不佳的老师，整个系统都承受着压力。虽然没有明确告知学生这些结果，但这些压力还是传递给了学生，让他们认为每一次考试都至关重要。作为一名老师，我亲眼看着学生每天都刻苦学习，却因为在考试中没有拿到高分而被判定为变现不佳时，这种感觉别提有多么令人心碎了。

好了，现在停止抱怨。有些事情我必须告诉你。我刚刚讲的这些压力、创伤和夸张的故事，全都是真实的。这些东西会让我们这样的老师每一天都处在崩溃的边缘，甚至会让我们考虑辞职。

教书不是易事。

如果你在苦苦挣扎，这也并不意味着你不适合当老师。

事实上，你注定就要成为一名老师，甚至是一名了不起的老师。只需要一点点的帮助，你就能完成很多艰难的工作。

我为什么会知道呢？

因为我跟你一样。

而且我还是个根本没有想过要当老师的人。

直到我爱上了教书。

现在我要告诉你一些可能会毁掉我们之间友谊的事情，尽管你现在可能还没有在我的社交平台上向我发起好友申请。这些事情听上去可能很糟糕，但是请听我说完。事实上，我之所以从来没有想过当老师，是因为我不喜欢孩子。一点也不喜欢。

别误会我，我喜欢上学。小时候，我和堂妹会在奶奶家的阁楼上玩假装上学的游戏。在成长过程中，我也遇到过很多鼓舞人心的老师。

我的许多家庭成员都是老师。

但我不想成为一名真正的老师。

我的兄弟姐妹并不多，我只有一个弟弟，比我小一岁。

当我所有的朋友都在带弟弟妹妹时，我待在家里看《保姆俱乐部》。我在学生时代认识了我的丈夫斯科特。我们刚在一起时，我就对他说："我以后不会要孩子，永远也不会。"他差点和我分手。那么，我是如何成为5个孩子的母亲，站在我深爱的24名3年级学生面前的呢？

起因是在读大二的时候，我决定认真起来，朝着一份"体面"的工作去努力。我当时在学政治学，而且也很喜欢，于是我决定去念法学院，以后成为华盛顿特区的一名大说客。

我很努力。我一边工作，一边把每个学期都安排了满满的课程，还几乎拿到了全A的成绩。我获得了一个在亚利桑那州参议院实习的好机会，而且在犯罪学学术期刊上发表了一篇论文。我以最优异的成绩毕业，并被录取为刑事司法硕士。我的理想工作一切都在正轨上。

然后一切都戛然而止。（当你觉得一切尽在掌握的时候通常都会这样。）

我清楚地记得那一天。我和斯科特刚结婚，从大学才毕业一周。我们依偎在二手粉色沙发上，看着电视台的节目。这个节目叫作《婴儿故事》，它记录了一对夫妇的怀孕过程。看到一半的时候，我产生了一种感觉——一种无法描述或解释的感觉。我看到电视上的宝宝，脑子里突然一惊。

“你怀孕了？”

我冲进浴室，立马做了一个验孕测试，结果是阳性的。我和斯科特都不敢相信，因为他最近才做了一次体检，医生宣布我们很难有孩子。这对我来说没什么——因为我讨厌孩子。

现在这个从来不想要孩子的女孩有了自己的孩子。

用害怕来形容我当时的感受都轻了，但奇怪的是，我也非常兴奋。当你知道你的体内孕育着一个孩子时，你的整颗心都变了，你会全心全意地爱着那个孩子。我可能没有计划要一个孩子，但在那一刻，一切都变了，我决定我要成为有史以来最好的母亲。

接下来那个夏天我一直都在孕吐。

晨吐完全是个谎言，因为我从早晨吐到晚上。

8月，我不得不做出一个重大的决定。我应该开始我的研究生课程了。但是当我时时刻刻都要去厕所的时候，我怎么能坐在教室里学习呢？怀着沉重的心情，我退学了。

当我的儿子凯勒出生时，我对他的爱超出了我的想象。我晚上睡不着，因为我害怕他会突然停止呼吸。一旦我掌握了当妈妈的窍门之后，我就考虑重返校园。当时在结束每天的工作之后，我都会迅速冲回家，这样就可以给他洗澡，给他读我喜欢的绘本。他是我们世界的中心。

我变成了一个全新的人，一个真正喜欢孩子的人。

在我有时间考虑重返校园之前，我又怀孕了，这彻底改变了我的人生轨迹。

尽管那时我得到了亚利桑那州最高法院的工作机会，但我不得不因为一些原因告别这份工作。我的情绪一片混乱，像坐过山车一样。在接下来的7年里，我一直在换尿布，参加孩子们的游戏日，还要处理一堆堆的脏衣服。做全职妈妈对我似乎是一种特权和荣誉，但我总觉得好像少了点什么。

我梦想着可以像我的丈夫一样出门工作。

我对自己产生这些想法感到内疚，所以我并没有告诉其他人。当一个人在家的时候，我悄悄地做了一些研究。斯科特白天上学，晚上工作，我知道我不能继续传统的研究生课程。我需要完全在线学习。我关注这些是在2007年，那时授予研究生学位的线上项目不是很多，但获得教育学证书的项目让我看到希望，我立刻被这个项目吸引了。在斯科特的支持下，我决定全力以赴。

这是官方消息：我爱上了教书。

我终于鼓起勇气在我的社交媒体平台上发布了这个重大决定。那个时候，这种方式还很新潮，平台对于发表什么内容以及发表什么评论并没有太多的规矩。我好像说的是……

“杰米·西尔斯要……回学校当老师！”

大家都在表达对我的美好祝愿，只有我的堂姐说了一句很违和的话：

“你不可能既是一个好老师又是一个好妈妈，你只能做好其中一个角色。”

那句话完全改变了我的感受，我很崩溃、很生气、很害怕。

我很受伤，因为我的堂姐——我童年最好的朋友、虚拟学校的玩伴——不相信我会成为一名好老师。当时，我相信了她的看法。她是一名出色的中学教师。她没有孩子，并为自己每天每时每刻都在为学生工作而自豪。她没有像其他人一样祝贺我，而是质疑我，这让我感到受到了侮辱和伤害。

问题在于我内心深处害怕她可能是对的。我怕也许我不可能同时是一个好妈妈和好老师，也许我回到学校去找一份家庭以外的工作是自私的行为。我真的要放弃自己的孩子吗？当我大部分时间都在家里勉强维持4个孩子的生活时，我有什么必要为一个教室里的25个孩子负责呢？那句评论让我开始怀疑自己能否成为一个好妈妈，毕竟我以前不喜欢孩子，也让我严重质疑我重返学校成为一名老师的决定。

值得感谢的是，我的很多朋友既是妈妈也是老师。在我不相信自己的时候，这些女士对我给予了支持，让我相信自己的能力。她们向我分享了自己如何既当妈妈又当老师的经历。她们不断地提醒我，你有可能需要在工作和家庭之间保持平衡，但你不需要二选一。你可以同时做这两件事，而且都能干得很出色。于是我慢慢相信这些话。

我工作向来很努力。我开始相信，如果有人能成为一名出色的老师和一位伟大的母亲，那我也可以。所以我开始做一些当时觉得疯狂的事情。当孩子们还在打盹的时候，我就开始在线学习教育课程。这花了3年时间，但是每次孩子一睡觉，我就离教学证书更近一步。这就是为什么我最后能作为一名实习教师，站在讲台上，对着30名对公民学不感兴趣的高中生讲课。

我曾打算过一种没有孩子的生活。但是在有了自己的孩子之后，我无法想象与成年人一起工作。我只想和孩子们谈论他们第三喜欢的驯鹿（显然是普拉兹）[①]。我不想读法律教科书，因为儿童读物“小仓鼠汉弗莱”系列更有趣。当我和一群8岁的孩子坐着塑料椅子吃着花生酱三明治时，我成为了最好的自己。

在成为老师之前，我对一切都超级认真。我当时一心想着成为某个“大人物”，我从小就是大家口中那个别人家的孩子。所以我那时认为，我在生活中所做的一切最终都会带来了不起的成就——也许是成为最高法院法官，甚至是美国的第一位女总统。那时，我还并不觉得当老师是一件特别重要的事。

但当我第一周上课时，我就意识到我对我的学生来说是多么重要，我能对他们的生活产生多大的影响。除了阅读和数学，我还能教他们如何做人，如何与他人相处，比如共同分享、合作、学习和玩耍等。我还能教他们自信，保护他们的安全，无论是在课上还是在课后，抑或是在紧急的情况下。即使学生们在家里并不开心，我还能保证他们在学校能够开心一笑。

最终，我意识到教学给了我们一个特殊的机会，让我们能给学生的人生带来不同，而这些并不是指数学或语文。尽管我家里有很多成员都是老师，但是直到我自己站在教室里，我才明白这份工作的真正意义。我有很多不幸的学生，有的学生父母在监狱服刑，有的学生父母离婚了，还有的学生经历了丧亲之痛。老师在孩子的生活中扮演着非常重要的角色，产生巨大的影响，这些东西是你无法通过任何在线课程的学习来做好准备的。

当我成为一名教师时，我深感责任重大，和大多数人一样，我感觉教书并非一件易事。

---

① 圣诞老人传说中有八只驯鹿，分别叫作达令顿（Dasher）、丹特勒（Dancer）、普拉兹（Prancer）、维克森（Vixen）、康米特（Comet）、居伊（Cupid）、唐纳德（Donner）和布利克森（Blitzen）。——作者注

教师的角色没有太多灵活性，这不是个人的错。全新的课程让你很迷茫，甚至学校管理人员在开学前的准备阶段为你制定了一些新的评分准则或系统。有的时候你的整个暑假时间都要用于制订课程计划，而每年的春天你都需要带着学生一心备考，无法让孩子们为步入下一个年级奠定知识基础。我当老师时，很多个晚上我都坐在餐桌旁，崩溃地大哭。

我一般会想：

“为什么我做得这么糟糕？”

“家长们都讨厌我。”

“学生们不听话。”

“我一直在工作，可是我什么都做不完。”

“我好累好崩溃。”

“是不是我有什么毛病？”

你可曾坐在餐桌边哭泣？你可曾到了崩溃的边缘？你有没有陷入黑暗的情绪，质疑自己选择教书是否是一个可怕的错误？如果是这样，我要告诉你，你并不是一个人。我写这本书的目的也正是为了你和成千上万其他感到精疲力竭的老师。没错，你并不孤单！美国各地的学校每年聘用数以万计的教师，为了填补离职教师的空缺。这是一个巨大的问题。师范学院无法以足够快的速度培养教师来填补空缺，于是不得不招聘代课教师和未经认证的教师。与此同时，教室的规模却在增长。

更重要的是，学生正在错失良机。在这些疲倦的老师离职前，学生们需要学到他们传授的知识和方法。

但事实上，作为老师，我们自己就是解决问题的专家。也许没有一个解决教育问题的标准，但我有一些想法，我相信你也有，我们可以从这些想法开始。

我们可以而且应该开始给老师更好的报酬，资助在课堂上需要的课程、工具和技术。我们可以重新思考这些给学生和学校贴上标签的标准化考试——这些考试并不公平。我将用我的声音和我的投票来争取所有这些东西。但现实是，这些变化都需要时间，所以这可能对现在已经疲惫不堪的老师没有帮助。尽管我们刚刚认识，但我已经爱上了你和你教育孩子的心。我不会丢下你不管。

深入教学几个年头，我开始了副业，创办了“Not So Wimpy Teacher”（“勇敢坚毅的教师”）社区，为老师提供他们教学所需的一切资源，无论是在校内还是在校外，我用额外的创收补贴自己的课堂。目前，“勇敢坚毅的教师”已估值数百万美元，但我依旧没有忘记我的教师生涯，也没有忘记我是如何从筋疲力尽到开心做教师的历程。更重要的是，我与成千上万的一线老师建立联系，设计教学工具和策略，帮助他们更理智地工作，战胜倦怠的情绪。

我将在本书后续章节介绍几十种教学策略。虽然教学很困难，但在这些策略的帮助下，我依然爱上了教学。在餐桌旁哭泣的经历，让我总结出了这些经验教训。当我感到无助时，这些策略是唯一阻止我辞职的因素。

我保证，你明天就可以开始使用我分享的这些策略。

这些技巧和建议绝不是纸上谈兵，它们可以在真实的课堂上发挥作用。我不爱吹嘘。在本书中，你会找到真正的建议，你也会读到很多故事。我无法控制自己分享的心情，我喜欢阅读和写作。我知道你可能很难记住这些策略，但是你会很快记住这些故事。

“勇敢坚毅的教师”为小学教师提供了一些免费的网络群组。我几乎每天都在会员的帖子中看到类似我堂姐的想法：你必须在做一个好父母和做一个老师之间做出选择。在生活中，某个角色——老师、母亲、妻子——更重要或占用更多的时间。

许多老师认为，更多的时间意味着更好的教学。但这是不正确的。事实是，无论你花多少时间评分或做课程计划，你都可以成为一名好老师。

你先思考一下我这句话。“擅长”某件事并不是指你花费的时间的总量，而是质量。作为一名学生，生活中的很多事情都是如此，作为一名配偶也是如此，甚至是做朋友、兄弟姐妹、妈妈或爸爸。当我们身兼这些角色时，我们的效率、我们能提供多少支持，不是由花费多长时间决定的。相反，我们的影响力取决于如何利用现有时间。学习的时候，我们在专心致志还是在看电视？在约会之夜，我们在听爱人倾吐还是走神了？当与家人和朋友共度时光时，我们是在享受这一时刻，还是在想什么时候才能回去给学生评分？

教学也是如此。当我们在做课程计划时，我们是专注于这项任务还是大量浏览社交媒体？教育工作者决定年度最佳教师奖应该颁给最晚下班的老师，但纯属无稽之谈，因为上班时长与老师优秀与否无关。事实上，我认为最后离开学校的可能是效率最低的老师，而不是最好的老师。

我写这本书的使命是帮助你重新爱上教学。我将带你进行一个有趣的练习，让你自己定义你想成为的老师。是的，你想当一位好老师——一位伟大的老师、一位杰出的老师，一位在学生毕业几年甚至几十年后都会寄信来感谢你改变了自己人生的老师。我们都想成为这样的老师。

所以，如果你已经准备好开始，我也准备好帮助你。

让我们爱上教学，好吗？

第一章

优秀教师的标准

实习时，我给150名12年级的学生讲述“公民与政府”的内容，可是每次考试时都会有四分之一的学生不及格。对于一个完美主义者、曾在州政府工作过的我来说，这个结果让我目瞪口呆，因为我给学生们提供了扎实的课程、完美的笔记和超级实用的学习指南。

但每次单元测试，仍有37个孩子不及格。我打了一个又一个的红叉，我不禁自责起自己是一个多么糟糕的实习老师，没有学校会聘用我了。是的，我内心戏很多。当时指导我的老师是我高中时最喜欢的老师之一，他告诉我对自己要有耐心，他似乎一点也不担心。你知道吗，这150名学生最后全都通过了课程，顺利毕业了，虽然有些学生没有通过我的单元测试。许多人上了大学，我希望他们都能在我的课上学到足够的知识，了解投票的重要性。

但我从这段经历中学到的是，我的课堂（还有你的课堂）并不是学生学习的终点，无论数学、英语、社会研究还是政府和生活。教育是一条漫长的道路，每个学生都会经历一段艰难的时期。我希望你们知道并记住，教室并不是最终的目的地。你只是每个学生教育旅程中的一站，孩子们在这条路上还会有其他的站点。每一站——从1年级到6年级到12年级甚至更远——都是新的冒险和学习的机会。

所以放松一下心情吧。即使你班上的学生不能全部通过各项测试，也完全没有问题。我说了，每个孩子都不一样。整个班级不可能都以同样的速度学习成长。因此，每个学生在本学年结束时的成绩也不会相同。编写课程标准的人也许不知道这一点，但你我都奋战在一线。我们清楚地知道，教室里的每一个孩子，无论目前的年级或阅读水平如何，都会有不同的教育体验。

我们一直被告知，学生的全面教育是我们的教学目标，但在实践中，我们很容易忘记和失去自己的观点。将学生的考试成绩作为教师自我价值的基础是诱导性很强的观念。如果有几个孩子没有通过数学考试，你就会突然感到绝望，觉得自己是一个糟糕的老师。

如果你正是如此，请深呼吸一下。因为并不是只有你才这样，我曾经也这样。学生的考试成绩给老师带来很大压力，而实际上，标准化测试也只是一个数据，甚至可能与课程实际的教学质量完全无关。

你爱你的学生，希望他们成功。但他们的成功并不是成为一名优秀教师的定义。回想一下你读书时最喜欢的老师。你喜欢他们是因为你在他们所教学科的考试中总是得A吗？我觉得不是。我敢打赌，你喜欢那位老师是因为他们给你的感觉，他们对你说话的方式，他们相信或注意到你身上别人没有注意到的东西。

> 在撰写本书的过程中，我请网络群组的老师们分享他们的故事，并呈现在本书的这些文本框中。

我的指导老师是我高中时的政治老师，克雷格先生。他是我一直以来最喜欢的老师之一，因为他跟我说话时让我觉得我很聪明。他把我当成年人看待，相信我有能力在困难的事情上取得成功。这就是为什么我对优秀教师的定义是倾听、相信并鞭策学生，而并不是说他们的学生要考到全区最好的成绩。

我想成为一名优秀的教师。从我在正式宣布我要回学校当老师的那一刻起，我就确定了这一点。尽管我内心相信我可以成为一名出色的教师，但我仍心存疑虑。我脑子里一直回响着堂姐的话："你不可能既是一个好老师又是一个好妈妈，你只能做好其中一个角色。"我必须证明她是错的，

> 我通过让学生复习来获得成功，让他们尝试着回忆学年初的经历。这样他们就意识到这些技能原来这么简单。我想表达的是：考试的目的是为了看看你已经学会了什么！
>
> ——艾尔莎·H.

即使我不知道如何才能做到这一点。

当老师们在“勇敢坚毅的教师”社区中分享自己作为一个老师的糟糕经历时，我想起了棉花糖。我结婚前，我妈妈给我办了一个新娘派对，邀请了很多朋友。派对非常棒，除了游戏环节。

有一个游戏我永远不会忘记。在新婚派对之前，我妈妈问了斯科特一些关于他自己的问题。然后，在新婚派对上，她问了我同样的问题。如果我答对了，我们就继续下一个问题。但如果我答错了，我就得把一个大棉花糖塞进嘴里。我不能咀嚼或吞咽它。我只能把它含在嘴里，直到游戏结束。

我妈妈开始问问题，很快我就发现自己被整了。直到今天，我也不知道是我妈妈还是斯科特，或者他们是一伙的……我每个问题都答错了。即使是我知道的问题，比如斯科特穿多大码的鞋。我说，他的鞋是我买的！我确信我有正确答案。但是我的嘴里又被塞了一个棉花糖。

就这样不断地重复着。我知道所有的答案，但斯科特给出的每个答案都是不准确的。不过这并不重要，因为根据游戏规则，我必须在他的朋友们歇斯底里地大笑时不停地往嘴里塞棉花糖。最后我满嘴都是棉花糖。这太可怕了。我呼吸困难。游戏结束时，我被棉花糖噎住了，甚至无法回答问题。

直到今天，我一想到棉花糖就会感到恶心。

教学就像满嘴的棉花糖。当你刚从大学毕业时，你只有一个棉花糖。它香甜可口。你非常喜欢它。你对自己的职业道路感到非常兴奋，并花很多时间憧憬你将在超级有趣、非常可爱的教室里影响更多的人。

然后你得到了第一份工作，又多了一个棉花糖。你既兴奋又紧张。你有很多决定要做。该买什么？如何布置教室？要不要设置主题？接下来，你的日程表上还有职业发展和教职工会议。棉花糖一次要加两个。你还得学习课程标准，而新的课程又接踵而至。你开始变得难以呼吸，每天都有更多的工作要做。

这个比喻适用于所有教师。经验丰富的教师带着满嘴的棉花糖来到学校，却不断试图挤进更多的棉花糖。教书就像往嘴里塞更多的棉花糖但不让你吞咽。你被要求加入各种委员会和俱乐部，并志愿担任运动队教练。当你刚刚弄清课程设置，新的课程又开始了。你要想出更有吸引力、更差异化的教学方法，压力始终无法摆脱。就在你认为自己无法再多塞一个棉花糖的时候，上头又指派你带一名实习教师。是这样，没错吧？

事实上，塞进这么多棉花糖的代价是巨大的。“勇敢坚毅的教师”社区中的一位成员爱丽丝，突然猛地清醒过来。以前，她整个周末都在为下一周的工作做准备。一个周六，她的丈夫站在电脑面前，流着泪对她说：“我想我的妻子了。”她之前没有意识到事情已经变得如此糟糕。当她决定把周末留给家人时，她发现自己曾经为学校做得太多，而为家庭做得却不够。猜猜这个故事的后续如何？那就是即使她不再每时每刻围着学生打转，学生依然爱戴她。

作为老师，我们大多数人都知道自己已经濒临窒息。那么，为什么我们还要不断地塞棉花糖呢？很简单。我们这样做是因为我们想成为学生的好老师。这是我们一直想要的，也是我们选择这条职业道路的原因。但是，所有这些压倒一切的东西，所有那些棉花糖，是否造就了一位伟大的老师？什么是好老师？当我刚开始教书的时候，我真的不知道什么是好老师。我看着周围的其他老师，向他们寻求指导。我开始在社交媒体上关注老师。他们成了我的导师。我甚至没有意识到我已经在脑海中给“好老师”下了定义。

和我在网上交谈的很多人一样——也许你也一样——我永远无法实现我在脑海中塑造的形象，因为我相信关于成为一名好老师的三大谎言。在与数以万计的教师合作后，我现在知道，大多数教师在其职业生涯的某个阶段至少相信其中一个谎言，并因此感觉自己永远不够好。

谎言❶ 爱加班的老师就是好老师

好老师早早来到学校，第一个在复印机前排队。

晚上，他们的车是停车场最后一辆离开的。

他们离开时，天已经黑了。离开学校时，好老师的书包最大，里面总是塞满了要批改的试卷和要完成的教案。

好老师会利用周末的大部分时间为下周准备精彩的课程。

好老师几乎都会在休息日去学校看看。

为了帮助学生取得成功，好老师愿意付出任何必要的时间。这就是好老师的工作。

在我工作的头几年里，我最钦佩的老师总是比我早到学校。很多人把超量的工作带回家，一个包根本装不下。我试图效仿一些老师，他们都有轮式手推车，可以把作业拖回家。这些老师总是报名领导委员会、指导团队、旁听面试、志愿参加“家长一教师之夜”等活动。

我听过一些可怕的故事，说老师为了完成所有的工作而做了些什么。我们“勇敢坚毅的教师”社区的一位成员承认，她每周有几个晚上睡在教室里。另一位老师过去经常在学校待到很晚，以至于她不得不从防火梯离开，否则她会触发警报器。

像我的许多同事一样，我也开始相信，如果我想在课堂上取得成功，我将不得不投入更多的时间。如果你曾经想过，“我需要找到一种方法，少睡觉多工作”，那么你可能会相信这样一个谎言：好的老师必须长时间工作，把一生奉献给工作，就像我过去一样。

> 我的孩子们从几周大时就开始光顾我的教室。我的大儿子在上学前和放学后都要陪我在教室待一个小时，这样我就可以把事情做好。之后我还要把工作带回家。我丈夫说他可以算作是一个荣誉老师，因为我让他做了所有的手工制作。实际上，他做的比他说的还要多。
>
> ——安德里亚 · P.

但问题是你能说出一个你认识的老师在课堂上表现不俗，与学生的关系也很好，但周末可以不工作吗?

我可以。我隔壁的老师以前每天都在她约定的时间（甚至比约定的时间稍早）离开。她设定了父母何时可以联系她的期限。她没有做太多过分的活动。她专注于与学生建立关系。她没有给所有学生的行为都评分。然而，她的学生却成长了很多，家长也爱她。像她这样的老师证明了周末工作并不是成为一名好老师的强制要求。

同样，你能想到一个老师，她整天工作，但仍然很难让课程有效率并满足学生的需求吗？是我!

刚开始教书的时候，我把时间花在做所有错误的事情上。我每周都在创新中心活动，在我所有的活页夹上放上可爱的封面，并从照片分享网站上打印我永远不会有时间使用的免费资源。我花了很多时间工作，但我选择完成的任务并不总是帮助我或我的学生更成功。

所以，事实是：

你可以成为一名出色的教师，即使没有频繁加班。

你也可以工作很长时间，却得不到你想要的结果。

归根结底，你花时间做了什么比你工作多少个小时更重要。我的观点是，优秀教师与教学时间之间没有关系。

谎言❷
爱创新的老师就是好老师

好老师总是在课堂上带来新的活动。

好老师会做科学项目，甚至考虑使用涉及颜料和闪粉的艺术项目。

好老师会对数学教室进行彻底的改造。好老师会把各种适宜的读物摊开，让孩子们按照看起来超级可爱的排列方式来阅读前几章。好老师总是把他们的公告板换掉，用手写字体创建锚图表，看起来很专业。好老师有时间进行社交和情感学习课程以及音乐欣赏。

我不知道你怎么想，但我在社交媒体上钦佩的老师们总是在课堂上做一些令人惊叹的事情。他们的课程看起来都很完美，而且需要大量的用品。他们似乎总是在做一些新的事情。

我开始相信，如果我想成为一名好老师，我必须抛弃传统的课程，想出一些稀奇古怪的东西来激发我的学生。如果你曾经觉得你做得不够好，你需要做更多，那么你可能会相信这个谎言，就像我曾经那样。

我敢打赌，你能说出一位总是在课堂上尝试新东西，但真的很难区分和满足学生不同需求的老师。也许他们的课堂很有趣，但他们稍稍偏离学习目标。

或者恰恰相反。也许你所在的学校或学区有一位很传统的老师，但取得了惊人的业绩。这类老师可能会过多依赖教科书，不会在他们的课程中或教室里添加大量花哨的东西。在外人看来，这些老师似乎很满足，丝毫不担心跟不上潮流或他人的标准。例如，我学校里就有这样一位老师，她的课程总是非常简单，没有过多复杂的游戏或精心设计的资源。我想也许她的学生会感到无聊。然而事实证明，家长们对她赞不绝口，并恳求校长让她来教自己的孩子。

显然，你可以为课堂增添各种乐趣，但由此帮助学生建立师生关系并理解关键知识可能依旧困难。你也可以只靠着做最基本的工作，就能取得非凡业绩，甚至成为校园里最受欢迎的老师。

这些例子表明，做更多的事情并不能成为一名优秀的老师。

谎言❸ 学生考高分的老师就是好老师

好老师不必担心学生数学考试成绩不好。好老师总是达到并超越管理部门为每一门学科设定的成长目标。好老师全年都能提供优质的课程，所以不需要花太多时间帮助学生备考。

毕竟，在一个好老师的教室里，学生们都能以优异的成绩通过考试。

好吧，让我们暂停一下。你了解过你们学校其他班级的考试成绩吗？我从来没有，但我觉得其他班的分数一定很高。我总是设想其他班的学生——显然，只有我们班例外——都能大跨步成长，好老师的学生轻易就能在标准化考试中取得高分。如果你也这样设想，你不是一个人。

我曾经还认为，如果我想成为一名好老师，我必须不断地重复教授每一项技能，直到全班同学都达到了每一项标准。我需要偷偷地拼命，这样我所有的学生都能在年终考试中及格。我还必须让这些努力看起来毫不费力，因为如果我是一个好老师，所有这些就该是小菜一碟。

回头看，这有点疯狂。如果你能体会到全年考试成绩带来的压力和失眠，那么你就会理解我的感受。我会不断地想，“如果我能找到一种方法来提高学生的考试成绩，那么我最终会成为一个好老师。”

原谅我的表达，但我这些都是在胡说八道！

你能想到一个你钦佩的老师的学生没有拿到学校希望的考试分数吗？在我的学校有一位老师，我喜欢旁听她的课。她非常有耐心，而且有如此多独特的技能，帮助学生继续尝试，即使他们的第一次尝试是错误的。她的学生在她的课上全神贯注。有一天，她承认她的几个学生没有达到考试目标。

你有没有见过这样的老师，他们吹嘘自己班上的考试成绩，但每次你走进他们的教室，一团糟？我打赌你肯定见过。

你完全有可能成为一个高效的、受爱戴的好老师，但你班上的成绩却不是你所在学校或学区的最高分数。那是因为教出好的考试成绩并不代表你就一定是好老师。

如果我告诉你，为了成为一名好老师，你必须长时间工作，承担更多的项目，并教出最高的标准化考试分数，你可能会说我疯了。你会说，成为一名好老师不仅仅是画可爱的板报以及完成基础考试等等。你是对的，因为你知道这个对好老师的定义是谎言。

但是，如果你对自己诚实的话，即使你不相信这些说法，你也会经常表现得好像你相信它们一样。别难过，你不是一个人。我在课堂上是这样，在个人生活中也是这样。我不认为一个好妈妈一定要给孩子买很多玩具。但是，每年圣诞节我还是会买过多的东西，然后当我们不得不为所有购置的物品寻找空间时，我就会感到沮丧。我不允许孩子们花太多时间盯着屏幕。然而，几乎所有的青少年都有自己的手机，他们把大部分空闲时间都花在了看视频和与朋友视频聊天上。（我希望你们不是在批评我，但如果是的话……我理解！）

让我们来谈谈我们在课堂上是如何表现的。

我不相信好老师的工作时间是最长的，但我每年夏天都要花几个星期来装饰我的教室。我会拉着4个孩子一起去，用电影和跳跳糖贿赂他们安静地坐着。

我不认为要成为一名好老师就必须做所有的事情。不过，我还是会花上一个周六的时间在灵感平台上搜索完美的艺术项目。然后，我会拉着所有孩子去手工艺品店寻找所需的用品。

你可能还把这些活动的内容扩充到了极致。"勇敢坚毅的教师"社区的成员格里克尔达曾经花钱请她的助教在周末来帮她批改作业，为下一周做准备——尽管她负担不起这个费用。

我不相信学生考高分是好老师的标志。然而，我总是在春季假期中和学生强调标准化测试的重要性。我会花几个小时寻找新的游戏和创造引人入胜的考试准备活动。

虽然我直白地告诉你我不相信这些谎言，但我每天的表现都在揭示着：在我内心深处，我确实是相信的。我头脑中理性的一面知道这些陈述是荒谬的。但我脑子里有个小小的声音在说"是啊，但是……"。我会发现自己一遍又一遍在课堂上做出与我所知道的事实不符的决定。你呢？

如果你每天表现得还像你相信那些谎言一样，我一点也不会评判你。继续阅读，因为我们即将洞悉成为一名好老师意味着什么，以及我们如何每天做到知行合一。

我们中的许多人都认同一种对成功的定义，但这种定义是行不通的，而且是完全错误的。成为一名成功的教师不是基于你的工作时长、教室装饰或者学生的考分。毕竟，如果一直工作，成为一名近乎专业的手工匠人，让全班同学在每一次考试中都得A，这就是成为一名好老师的意义，那么我的堂姐是对的。我不能在兼顾所有这些事情的同时仍然是一个理智的人、一个好妈妈、一个细心的妻子、一个可以信赖的朋友。你也不行。

事实是，我们一直以来对“好老师”的定义都是错误的。

多年来，我一直在尝试，试图提出一个更准确的定义，但我一直遇到障碍。似乎没有一个定义适用于每一个老师。就在那时，我突然想到，就像操场上的十几个幼儿园小朋友一样：成功是属于自己的。这意味着成功的定义也必须是与自身相关的。每一位教师都必须决定自己对成功的定义。你要决定什么是好老师！当我终于意识到这一点时，我的心灵被震撼了。一个巨大的负担从我肩上卸下，因为我意识到，我不再需要试图成为隔壁班或我堂姐那样的老师。

如果我是读者，读到这里，我就会跳到下一章了（但请你不要这样做，请听我说完）。

我爱实用的策略。给我一些“如何做”的策略，我就能获得自己的荣耀。所以，我懂你，我在这本书也为你准备了大量的策略，你一定会喜欢。

今天读完，明天就去执行每一个策略，就像我给你一大袋棉花糖一样。你不可能把所有棉花糖都塞进嘴里，同样地，试图一次性完成这本书中的每一个策略会让人不知所措。你需要优先考虑那些现在对你影响最大的策略。区分优先级的唯一方法是对成功有自己个性化的定义。

当你对成为一名好老师意味着什么有一个清晰的愿景时，你就会确切地知道哪些策略需要现在实施，哪些可以等到你腾出手来再做。不能只是读完这本书，然后就把它放在书架上落满灰尘。我们要采取行动。所以，让我们从创建最有意义、最切实际的定义开始吧，和我一起完成5个步骤！

步骤❶
用一个词或短语描述你想成为的教师类型

当你在大学的时候，梦想着有一天你会成为一名老师，是什么样子的？

或者，当你兴奋地计划重返学校时（希望是在度过一个宁静的夏天之后），你梦想成为什么样的老师？

好消息是，此时此刻你并不一定要成为那种老师，你也不需要现在就知道如何成为这样的老师。所以不妨勇敢地想象。但你只能选择一个词语或短语。我不希望你对成功的定义过于复杂。不要试图创造性地列出详细的清单，因为从长远来看，这只会让成功更难实现。如果有帮助的话，你可以进行头脑风暴，列出一个列表，但当你在大脑过滤了一遍之后，回过头来圈出一个真正对你有用的词。

我已经列出了一些可能的词语来抛砖引玉。这不是一个全面的清单。每个老师对成功的定义都不一样，选择那些能让你兴奋的词是很重要的。不要选择你认为你的校长希望你选择的短语，因为这都是关于你自己的。

- ☐ 有耐心
- ☐ 有创新能力
- ☐ 有创造力
- ☐ 包容
- ☐ 有趣
- ☐ 有条理
- ☐ 积极
- ☐ 快乐
- ☐ 具备改变生活的能力
- ☐ 鼓舞人心
- ☐ 能建立融洽关系
- ☐ 轻松
- ☐ 有效率
- ☐ 高效
- ☐ 用心

我可以继续说下去，因为还有很多不可思议的词可以描述你想成为的那种老师。不要想太多。选择此刻对你来说最突出的那个。你又不是和它永远地绑定了。如果你需要的话，稍后你可以更改。

步骤❷
用一个词或短语描述你想达到的课堂效果

这个有点难，对吧？回顾这一学年，你能说出你在课堂上取得了什么成就吗？当你退休时，当你回顾你的职业生涯时，你能说出你在课堂上取得了什么成就吗？你能自信地说出你完成了哪一件事吗？

作为一名教师，你有数不清的工作。列出一长串你想要完成的事情很容易。但你只能选一个。这意味着你必须真正问问自己，你认为清单上最重要的成就是什么。（我大胆地猜测，最重要的事情不会是你的学生取得最好的考试成绩。告诉我我是对的。）如果你被难住了，这里有一些建议。你不一定非要从我的清单上挑一个，如果你随心所欲地创造属于你自己的短语，我的感情也不会受到伤害。

- ☐ 培养学生对学习的热爱
- ☐ 培养学生具备成长型思维
- ☐ 培养学生的独立性
- ☐ 鼓励学生勇于冒险
- ☐ 培养学生的自信心
- ☐ 创建以学生为主导的课堂
- ☐ 提供安全和包容的学习环境
- ☐ 鼓励学生的好奇心

步骤❸
你一周想工作几个小时

这才是真正有趣的问题！很少有人会问自己这个问题。我们告诉自己这不是我们能决定的；我们必须尽可能多花时间来完成这项工作。错了！事实是，你给自己多少工作时间就会有多少工作时间，而且永远都不会觉得够用。你总会因为没有完成清单上的一些事情而感到内疚。

你也是这种情况吗？家里有一大堆要做的事情，要用一整天的时间来完成这些任务。前半天，你几乎什么都没做。（事实上，我早上在清单上添加的任务通常比我划掉的要多。）然后你意识到你的配偶/孩子/母亲将在30分钟后回家。于是你开始紧急行动，你在创纪录的时间内完成任务。你可能没有完成任务清单，但在最后的30分钟里，你完成的任务肯定比当天早些时候完成的要多。你能理解吗？

如果你一天有10个小时工作，你会把这10个小时都用完。如果你一天只有8小时的工作时间，你可能会发现你可以完成同样的工作量。事实上，斯坦福大学最近的一项研究表明，如果一个人每周工作55个小时以上，其工作效率会断崖式下跌。如果你像一些老师一样工作70多个小时……好吧，你每周浪费了15个小时的生命，因为你完成的工作量和那些每周工作55个小时的人一样多。

> 我曾多次通宵批改论文，同时我的孩子也都是运动员。在比赛间隙和周末联赛期间，我花了很多时间在车里批改试卷。我工作到很晚，直到汽车报警器响个不停。我现在是一名经验丰富的教师，所以我能在每周四完成下周的课程计划。
>
> ——特里·R.

我想回到这个问题：你希望每周工作几个小时？你不需要制订一个计划来安排这些时间。你甚至不需要相信这是可能的。现在，我对我们两个人都有足够的信心。你只需要有这个想法。如果你想要，我会在下一章告诉你如何实现它。（但你仍然不能跳过，否则你就是规则破坏者！）

这里有一个计算这个数字的好方法：

你签了几小时工作制的合同？（一定要查一下，因为你已经工作了很长时间，很可能已经忘记了实际的要求。）

你想要每天在教室或家里多工作多少小时？（这里的关键词是“想”。）

步骤❹
不工作的时候，你会做什么

我冒昧地假设，你在步骤3中设想的时间可能少于你目前的工作时间。这是一个相当安全的假设，因为你正在阅读一本关于重拾对教学的热爱的书。找到对教学的热爱和减少工作时间确实是相辅相成的。你很难爱上一份任务沉重、几乎没有时间过个人生活的职业。当你也热爱工作之外的时间时，你对工作的热爱会增加10倍。

当你取得成功，工作时间达到你想要的水平时，你会如何利用这些额外的时间呢？开始梦想！在这里倾吐你所有的想法，尽量说得具体一点。与其写“花时间陪陪家人”，不如写“多带家人骑自行车”。通过选择你想用空闲时间做的事情，你更有可能在整个星期都寻找这些机会。随着时间的推移，你在校外所做的事情将敦促你充分利用在校时间。清楚地知道自己想做什么，也会让你更容易知道自己何时取得了成功。当你有了一个合理的、可靠的清单后，圈出你最想做的一项活动。我们就从这个活动开始。

你可能很容易就会在这一页上写满你想在新的空闲时间里做的事情。但你可能和我一样。我什么也想不起来！我意识到，我已经很久没有自己的时间了，我不再有自己的爱好，也不再有自己期待在个人时间里做的事情。这是一个可怕的启示。如果你也陷入了同样的困境，不要着急。我发现完成这一步的时间比我想象的要更久。我花了几天的时间思考我的清单。我向我妈妈、我最好的朋友和我丈夫请教。他们还记得我当老师之前的样子，这对我很有帮助。我想起了自己以前对阅读、印章和做剪贴簿的热爱。我还意识到，我新添了两样爱好：与朋友共进午餐和做发型。很快，我就有了一份像样的清单！

这些活动就是你的“为什么”，就是你做出改变的原因。这就是你在工作时间努力提高工作效率的原因。这就是你想重新爱上教学的原因。

步骤5 整合答案，形成你对成功的个人定义

你已经完成了所有的工作！感谢一下你的大脑吧，因为它帮助你集思广益，找出对你真正重要的东西。现在，你需要做的就是把步骤1至步骤4中的答案按顺序排列在下面这个句子中。

对我来说，成功就是成为一名__________________的教师，每周只工作_____小时，这样我就可以______________________________。

以下是我对成功的定义（你不必和我一样）：

对我来说，成功就是成为一名创新型教师，帮助学生爱上学习，同时每周只工作40个小时，这样我就可以在周末和艾达琳玩“幻想”游戏。

至少再读三遍你的定义。

它是否让你眼花缭乱？

你的大脑是否在说：“听起来不错，但只是一厢情愿。”

如果是这样，你就对了！这对你来说就是成功。但是，如果这个定义并没有像一盒可水洗的绘儿乐蜡笔一样让你眼前一亮，那么你可能还需要做一些修改。别着急，这可以是你的定义的草稿版。在接下来的几天里，你还可

以继续修改。返回到前4个步骤，使用不同的词和短语，直到你觉得简明扼要，并为自己的成功定义感到超级兴奋为止。

需要注意的是，你对成功的定义会发生变化。你可能会换学校或换年级，并据此确定新的优先事项。作为一名教育工作者，你将不断成长，并对课堂教学效果有新的想法。你可能会决定寻找现成的资源，而不是自己创造一切。你的家人和朋友可能会发生变化和成长，并促使你改变个人时间的安排。我很有信心，你会在这本书中学到一些了不起的提高工作效率的小窍门，有些人还会想改变自己的工作时长。你不必拘泥于这个定义，也不必拘泥于你为自己创造的任何定义。当你觉得这个定义不再适合你时，可以随意进行修改。重要的是，这个定义是你自己的。你不再根据社会、管理者或学生家长的想法来衡量你的成功。只有你自己才能为你的成功下定义。

我不喜欢繁忙的工作。当学生时我就不喜欢繁忙的工作，当老师时我肯定也不喜欢（我是说，谁还需要为一大堆试卷找一个家呢？）。我想让你知道，写这个定义并不是为了保持忙碌。

你对“成功”的定义将帮助你确定优先顺序，并决定如何利用时间。例如，当你为了考虑在班级的平板电脑上添加一个应用程序而在学校待到很晚时，我希望你扪心自问：“这会帮助我更接近我对成功的定义吗？”

如果答案是肯定的，那么请下载吧！

但如果你对自己真的诚实，答案是否定的，这并不意味着平板电脑将永远只有去年的应用程序。这只是意味着你可能不会立刻得到新程序。而且你可以毫无愧疚地离开学校。

如果这还不够，你还在为希望不晚归而感到难过，我想让你再问自己几个问题：

1. 有没有人可以帮我完成这项任务？

2. 能不能等到我有弹性时间或工作时间时再做这件事?

3. 我知道这对我的成功或我的学生的成功并不重要，我可以完全放手吗?

如果你在不累的时候问自己这些问题，你会对大脑提供的解决方案感到惊讶。也许你会意识到，它并没有你最初想象的那么重要。或者，你会请一位家长志愿者在你上课的时候来做下载工作。无论如何，你都不会自动服从于“必须这样做，否则我就不是一个好老师或有效率的老师”的想法。

读完本章，如果你有时间，我希望你只做一件事：

定义“成功”对你来说意味着什么。

填空题（我最喜欢的测验题！）：

对我来说，成功就是成为一名____________________的教师，每周只工作______小时，这样我就可以____________________________________。

用“勇敢坚毅的方式”成为一名好老师

1. 定义你心目中的好老师。

2. 当你受到驱使，工作时间超过你想要的工作时间时，问问自己第034—035页的关键问题。

3. 当每个人都在为标准化考试而焦虑不安时，请提醒自己：

- 考试只是孩子目前状况的一个缩影，并不代表未来的成功。
- 你作为教师的价值不是由任何考试决定的，从来都不是。
- 考试只是你所在学区的一个问责点，并不代表你课堂上的一切。
- 并不是只有你一个人这么想。

第二章

摒弃你的待办事项清单

在给3年级学生讲岩石循环时，我想到了一个绝妙的主意。

我想，以《神奇校车》为主题来上这堂课一定会很有趣。但是——你可能已经猜到了——我不是一个会在主题上半途而废的人，所以我全情投入。

我穿着自制的“卷毛老师”弗瑞丝女士的服装来到学校。那是一条巨大的蓝色连衣裙，上面粘着五颜六色的布片，看起来像颗颗岩石和一座巨大的火山。我甚至还戴上了一顶红色的假发，肩膀上还挂了一只仿真鬣蜥模型。

我看起来简直是超凡脱俗。

我和学生们一起研究了不同类型的岩石，用不同的食物制作了“岩石”，还看了《神奇校车》，玩得非常开心。这是超级有趣的一天。

一天结束时，我查看了我的电子邮件，心情立马沉重起来。

我完全忘记了放学后的个性化教育计划（IEP）会议！（我一定是在做服装的时候忘记了。）我不能错过或重新安排会议。这些会议本来就很难安排。

但是……我没有可替换的衣服。

我别无选择。我穿着弗瑞丝的全套服装参加了会议。我和特殊教育主任、言语病理师、校内心理辅导师以及我的学生的父母一起坐在一个房间里。我是唯一一个戴着红色假发和鬣蜥的人。我决定装作若无其事。虽然没有人问起我的打扮，但我猜那天晚上大家都在饭桌上谈论我。

回家的路上，我头疼得厉害。我想喝汽水。那就喝一瓶吧，我想着，于是就去了一家快餐店。店员看了看我的衣服，我只是笑了笑，谢谢她递给我的饮料。

我知道你可能在想：需要学会未雨绸缪。

但如果我告诉你，我对我的整个星期，甚至整个月都有周密的计划呢？我已经写了一份待办事项清单，详细覆盖了我一天中的每个小时。

这时我才意识到，待办事项清单并不是万无一失的。

在本章中，我将教你一些意想不到的东西——那就是如何在没有待办事项清单的情况下制订计划。很疯狂吧？但它超级有效。我要提醒你：没有任何系统是完美无缺的。即使规划完美，有时也会穿着可笑的服装出席严肃的会议。这就是当老师要面对的现实。

如果你和我一样，是个清单爱好者——我遇到的大多数老师都是这样，是时候大口喘气了，因为我要提一些古怪的建议。

你不需要任何待办事项清单。事实上，待办事项清单只会让你更忙，同时让你完成的重要任务数量降到最低。把你的待办事项清单扔进垃圾桶吧——你想负责任的话，也可以扔进回收站。同样，我知道这可能看起来很古怪，但事实是，你不过只是在每份待办事项清单上，列出了你认为自己需要完成的事情而已。

这就是列举待办事项清单的真实心理：清单让你变得如此不堪重负，以至于你的大脑认为它不可能完成所有事情。这时，你就会利用计划时间与你的闺蜜闲聊，或者利用评分时间浏览社交媒体。（当然，如果你有意为这些活动留出时间，那么这些活动是完全没有问题的。如果你本该批改试卷，现在却不得不在本该与亲友相聚的时间里把试卷带回家批改，这就成了问题。）

你的待办事项清单并不是一个行动计划。相反，它是拖延或让自己陷入失败的借口。事实上，当我还是老师时，我并不知道这一点。当我是一个不堪重负、精疲力竭的创业者时，我才深刻地认识到这一点。冗长的待办事项清单会让我们在不必要的时候感到沮丧和失望。这是因为没有一件事是真正完成的。作为雄心勃勃的教育工作者，我们不会责怪待办事项清单上的无数事情。我们责怪的是自己。

将你冗长的待办事项清单与日程表进行对比，日程表上列出的是在特定时间或规定时间内要做的事情。每当我们按照日程表，做我们应该做的事情时，我们就成功了。当我们按照计划行事时，我们就赢了，而且还可以庆祝一下！对于像我（或你）这样抱着“拿金星”心态的人来说，这是一个完美的系统。毕竟，老师们已经很擅长按照日程表和时间表行事了——你会在阅读时间教数学吗？当然不会！

我来给大家讲个我的糗事吧。

大多数老师都听过这样的借口：“我的作业被狗吃了”。（我最喜欢学生把吃剩的碎片作为证据了！）

小心你的日程本，因为有一次我发现我的狗吃了我的日程本，最后我哭了。做完周日晚上的计划后，我把日程本放在了厨房的台子上。很显然，我把它放在了离边缘太近的地方，而佩妮就叼住了它。我不知道它为什么要把每一页都咬一口，又不是涂了培根汁。不过，它还是吃了。看着厨房地板上到处都是我精美日程本的碎片，我伤心极了。这是艰难的一周，因为我最终不得不勉为其难地记住计划。我做的第一件事就是买了一个新的日程本。写到这里我都不好意思了——其实我已经删改了好几次了——但是大约一个月后，佩妮又吃了。两个日程本彻底让我吸取了教训。

相信我，尽管有被狗吃掉的危险（更有可能的是，你家里的某个人，包括你，会把咖啡或果汁洒在上面），但使用日程本为自己每天的成功做好准备，会让你的课堂事半功倍，为你创造出前所未有的时间。一个月后，我保证你会爱上你的日程本，而不是你的待办事项清单。最重要的是，我将用6个简单的步骤来实现这一点。让我告诉你怎么做！

步骤❶
买一份有足够的书写空间的硬壳日程本

我喜欢漂亮的日程本！一直都是。我曾经迷恋过计划表、日程本和收纳袋。公平地说，我很有主见。因为每年夏天都会掀起一股教师日程本热潮，你很难不沉迷其中。我的网络群组里挤满了询问哪种日程本最好的老师，他们还贴出了自己日程本的照片。一些教师购买了“现成”版本，而另一些教师则在打印和打孔，制作自己的完美计划表。

我和这些老师没有什么不同。问题是什么呢？这些精美的日程本不符合我的教师预算。我只能使用在教学用品商店购物满50美元赠送的本子。你能想象有一年圣诞节，我在圣诞树下发现了包装最华丽的日程本时的激动心情吗？我立刻做了所有日程本爱好者都会做的事：我闻了闻日程本的内页。如果你也是日程本爱好者，你就会明白我在说什么。第二天，我就带着孩子们去采购我的必备用品：炫彩笔和纸胶带。你必须为你的日程本准备好完美的用品！

日程本很漂亮，我几乎走到哪里都带着它。不过，我很快就发现它并不适合我。内页不是为我定制的，所以我每周都要花几个小时用纸胶带把它粘贴到我的课程表上。这些页面看起来就像剪贴簿上的版面。它们很可爱，但老师没有时间每周在计划表上做手工！

我那本花哨的日程本还有一个问题，那就是它只为我规划了上课时间。日程本上有数学课、阅读课和科学课，却没有任何空间来规划课前、课后和预习时间。当我第一次对这些日程本垂涎三尺时，我甚至从未想过我需要这样的空间。我全神贯注地计划着如何度过每一分钟的教学时间。其余的事情，我都是随心所欲。

我仍然每年都会订购一本精美的日程本。(不过，我不会只看封面。)我总是选择有空间来规划一整天的日程本。带小时计划栏的日程本最能提高你的工作效率。当你在日程本上使用炫彩笔的时候，日程本就会变得可爱十倍。

步骤❷
每个周末留出一个小时来计划下周的工作

我的计划时间是周日下午。我喜欢在这个时候做计划，因为这能让我感觉新的一周有了一个好的开始。我认识的其他人喜欢在周五下午或周日晚上做计划。随你自便。请注意，这不同于备课。我们稍后再论。在这一小时里，你要计划如何利用非教学时间。

当我坐下来制订计划时，我知道我是在优先考虑自己和家人，制订一个富有成效的计划。为了做好准备，我会拿起日历和几支签字笔，在沙发上做计划。

不瞒你说，有时我觉得自己很懒。

很多周日下午，我都会抱着柔软的毯子，一边看足球比赛，一边浏览社交媒体，这时起身拿起日程本似乎很费劲。

在这种慵懒的日子里，做实际的计划很有挑战性。

有好几次我都直接没做。我告诉自己，“周一早上第一件事就是做计划”。但周一来了又走，我的计划页还是一片空白。这样的一周最终会很难熬。我感觉自己在两个方向上奔跑，被自己的脚绊倒。我忘记了重要的任务，大多数时候都很晚才回家。

这样的一周过后，我重新投入到每周的计划时间中。混乱的一周提醒我，我是多么需要一个计划。如果我每周抽出一个小时来做一次计划，我实际上就能为自己、家人和其他任何我想做的事情赢回几个小时的自由时间。这样的努力是值得的。

步骤❸
在做周计划前，先进行大脑转储训练

周五或周日，坐在沙发上（或真正的办公桌前），问问自己：我需要完成什么任务？包括与个人和教学相关的任务。

但问题是：你不可能做到所有这些事情。这份清单是“大脑垃圾桶”，而不是“待办事项清单”。我之所以要求你创建这份清单，是为了从字面上清空你的大脑。我不知道你怎么想，但我的大脑整天都在想我应该做、需要做或想做的事情。转储可以让你的大脑停止储存这些信息，但仍会保留记录。这就是让你放松的原因：你不会总是担心忘记什么事情。

就我个人而言，我是一名癫痫患者，一生都在经历癫痫发作，原因不明。每次癫痫发作时，我的记忆力都很差。我总是担心自己会忘记一些重要的事情。（在我写这章的那天，我忘记了我的孩子们只上了半天学。）每周的“大脑转储”训练让我受益匪浅，因为我可以把大脑从记住所有东西的责任中解放出来。

这里还有一个提示。在你进行大脑转储时，不要担心任务是否是一个好任务，也不要担心你是否有时间。不要试图制订计划，也不要担心清单的长度。只要写下你想到的每一件事情，如批改数学试卷、和艾莉森讨论野外活动日、给德里克的妈妈发邮件、预约牙医等等。当你制定一周的日程安排时，这些事情就会成为你的选择库。

步骤❹

圈出本周必须完成的任务

这包括预定的会议、约会和其他有截止日期的任务。

我以前在这方面十分糟糕，尤其是在我刚开始教书的时候。就在开学前一周，我应聘到了第一份教师工作。我欣喜若狂，立刻收拾好行李，带着老公和4个孩子去新教室实地考察。接下来的一周，我们都在装饰教室。我选择了马戏团的主题，然后在布告栏上挂小丑、杂耍演员和大象的图案。（我怎么不知道小丑有点吓人呢！）

一周后，教室的墙上挂满了小丑的图案。但在实际教学中，我却没有花任何时间。我没有复习阅读标准，没有研究课程，也没有准备开学第一周的活动。在那一周的清单上，装饰是我必须做的一件事。我的大脑告诉我，这是最重要的任务，必须完成。

我的大脑欺骗了我。如果我的学生第一天就来了，即使四面墙都是光秃秃的，他们也不会介意。毕竟他们是3年级的学生。我只需要准备好有意义的活动、某种课堂常规，以及一套引人入胜的图画书。

所以，不要像我一样。相反，你要认识到，当你看着你的大脑垃圾，试图决定哪些是必须做的事情时，你的大脑可能会试图把你引向错误的方向。本周可能有很多事情需要完成。也可能有一些事情你觉得很愉快，想在本周完成。你可能有时间去完成其中的一些任务。

但现在，只圈出必须尽快完成的项目，否则会有不良后果。如果周五要交成绩单，那就把它列入本周的清单，最好在周四之前完成。如果周四要开个性化教育计划会议，那么为会议做准备是必须要做的事情。因为看腻了2月的小精灵展板而更换布告栏不是必须做的事。如果能再等一周就好了。

步骤❺
安排时间完成日程本上最重要的任务

从最重要的任务开始，在日程本上安排完成这些任务的时间。这是本章的“酸奶油”。让我来解释一下。我喜欢墨西哥菜。我每周要吃三四次墨西哥菜。无论我吃的是墨西哥塔可、墨西哥炸玉米卷还是墨西哥辣肉馅玉米卷，我都会在上面放酸奶油。对我来说，酸奶油是让墨西哥菜从美味变成出奇美味的秘方。

在计划过程中，“酸奶油”提高你工作的效率。这是改变游戏规则的终极秘诀。大脑转储和优先排序本身就很好，再在日程本加上一些时间规划，就能为一周的项目完成提供无与伦比的秘诀。

我想让你把这一点与你的备课相比较。当你计划一周的教学时间时，你不会只是列出一个你需要讲授的课程标准或课程清单。不可能！事实上，如果你这样计划，可能到了周五，你就会发现自己已经落后了很多，每周都无法完成清单上的内容。

相反，你会规划好学校一天中的每个小时，对吗？（对不对？！）你要准确地决定你要教什么课，如何教，以及你的学生要完成哪些活动。如果我问你，“周四上午9点17分你的学生会做什么？”，你一定能告诉我具体细节，包括他们要完成的习题的页码。我认识的大多数老师都会严格安排所有的教学时间。

但出于某种原因，我们并没有想到要对我们的计划和预习时间也这样做！我们没有计划好每天早上放学前、预习期间和放学后要做的事情，而只是列出一长串希望完成的事情。当周五来临时，我们才发现自己已经远远落后，永远也完成不了清单上的任务。

解决办法很简单！

让我们开始规划我们的准备时间。

这个过程有两个重要的关键点。

第一个关键点是，将任务分解成小块。这样做会让你更容易在拥挤的日程表上安排这些任务（因为我们知道你没有太多的准备时间！）。我们不想安排时间去做某件事情，而是安排时间来完成一件事。

你可能没有足够长的时间来“研究成绩”。所以，你可以把这项任务分成几个小项目，比如“10年级数学测试”或者“将拼写测试成绩输入成绩册”。这种方法之所以超级有效，是因为你在告诉大脑，它必须在特定的时间内完成某项任务。

你不再说“我今天需要给写作样本评分”，而是准确地宣布你将在什么时候评分以及评分需要多长时间。一开始，这可能会让你感觉很有挑战性，因为你不习惯决定一件事需要多长时间才能完成。（但请记住，你一直都在这样要求你的学生！）问题是，你的大脑会在你给它的时间内完成任何事情。因此，如果你告诉自己需要一整天的时间来完成评分，那么它就会花上一整天的时间。如果你给自己一个半小时的时间，那也正是需要花费的时间。你的学生也是如此。如果你告诉他们必须在本周某个时间完成作业，大多数学生会在周五下午2：59交作业。如果你给他们一个小时的时间来完成完全相同的作业，他们会在更短的时间内完成同样的作业。

这个过程的第二个关键点是将每项小任务安排到日程本上的某个特定时间段。这将是你完成任务的时间。这是你对计划的承诺，你是在和自己开会。与其说你有一连串的事情要做，不如说你安排了一个时间来完成所有最紧迫的任务。这样做，这些小任务更有可能完成！

下面举例说明一周内的日程安排：

7：45—8：00　　回复电子邮件

8：00—9：00　　上课

9：00—9：45　　9年级写作样本（计划时间）

9：45—14：45　　上课

14：45—15：30　　给9年级的写作样本评分

15：30—16：00　　在年级簿中输入写作和阅读成绩

16：00—16：15　　准备明天的材料

16：15　　回家

你在日程上写得越具体，你的时间使用效率就越高！

步骤6
丢掉内疚情绪

你不可能把大脑清空清单上的所有事情都做完。

大多数情况下，这是不可能的——没关系。这并不是说你现在就要完成待办事项清单上的所有事情。这里的区别在于，你是在有策略地安排完成任务的优先顺序和时间，而不是随心所欲地做。你将完成许多重要的任务，这将让你有成就感。

也许你已经注意到了上一步中老师日程表上下午4：15发生的事情。也许你对那么早离开学校的想法嗤之以鼻。但事实就是这样。成为最后离开的那个人或每天工作超过12个小时是不会获奖的。那么，你该如何处理你脑子里那些排不进日程表的项目呢？你有3个选择，我把它们称为“3D”。

- **推迟（Delay）**

一些项目可以推迟到下周甚至下个月完成。这些项目完成起来也许不错，但根据你对成功老师的定义，它们并不是最优先的事项。你的大脑可能会试图让你相信它们很重要，但现实是，如果你把这些活动推迟到下一周去完成，也不会有任何不利影响。

- **委托他人（Delegate）**

在你的大脑清空清单上，是否有可以委托他人完成的任务？不要太快说“不”！我们常常认为没有人可以或愿意帮助我们。事实上，有很多人关心我们，愿意做一件简单的事情来表达他们的感激之情。你的学校允许家长当志愿者吗？如果允许，请不要犹豫，问问家长们是否愿意做志愿者，比如做一些剪裁或封装、复印下周的试卷、批改拼写测试或整理橱柜。你认识一些年纪稍大一些的孩子吗？他们可能是你的侄女、侄子或邻居。只需支付少量费用，这些青少年就可以准备游戏、核对试卷答案、削铅笔以及为即将开展的艺术项目准备用品。

- **删除（Delete）**

当我们在大脑转储的时候，我们会把想到的每一件事都写下来。现在，我们对事情进行了优先级排序和时间安排，就更容易发现我们真的不需要做的事情了。这类项目可能是你喜欢的教师同事做的，或者是你在社交媒体上看到的。它可能看起来是个好主意，但现在看着日程表，你发现它根本不适合你。这完全没关系！把它从清单上划掉，继续前进。

志愿者在课堂上可以帮助完成的任务

- 为包含答案的简单作业评分
- 复印

- 打印材料
- 裱糊、剪裁或封装材料
- 装订或打孔
- 整理书架或橱柜
- 为手工或项目准备材料
- 取下或挂上新的公告栏
- 为教室派对和庆祝活动做计划和准备
- 检查家庭作业或课堂作业的完成情况
- 与学生或小组一起阅读
- 帮助小组开展中心活动
- 与小组一起玩游戏
- 帮助缺课的学生
- 进行视力评估
- 将应用程序下载到设备上

再看看你的其他脑力劳动，决定推迟、委托和删除哪些事情。与其为本周不做的事情感到内疚，不如选择庆祝自己能够分清主次、安排时间、放手去做！当我向老师们提到这个方法时，它们通常会有一些问题。但幸运的是，我总是有备而来——我带来一些答案。

问：如果我不知道完成一项任务需要多长时间，该怎么办？

答：我理解你的问题。一开始，你可能不知道完成每项任务需要多长时间。如果你习惯于一边看视频一边评分，你可能清楚地知道需要多长时间（一集），也可能不知道。多任务处理的时候，不论你是边批改作业边放松

> 我丈夫曾经帮我批改带答案的数学试卷。孩子们知道，如果我批改错了，那实际是他批改错了。他帮我裁剪过、装裱过、搬运过很多东西。做老师的丈夫需要一个特别的男士！
>
> ——雷根 · B.

地看电视，还是边帮孩子做作业，都会让你觉得你整晚都在批改作业。我的建议是，首先决定你想在某项任务上花费多长时间。安排好时间，尽最大努力在规定时间内完成任务。一周结束时，反思一下哪些有效，哪些无效。如果你无法在规定时间内完成任务，你可以选择下次更快、更专注于此或分配更多的时间。这很简单。

问：如果一周中突然出现我没有计划到的事情怎么办？

答：如果？我可以向你保证，你没有计划到的事情一定会在学校出现。这是时间问题，而不是是否现实的问题。家长临时会面，学生需要缺勤两周的作业补课材料，你的搭档老师意外缺勤，请你帮她代课。对老师来说，这听起来才是典型的一周。

你能做的最好的事情就是期待意外发生。每周在日程本上添加一些弹性时间。为那些突然出现并对你的计划造成严重破坏的任务和会议留出几个30分钟的时间段。你可以用弹性时间来处理突发任务，或者如果你原计划批改作业或备课，却不得不参加会议，你也可以将要完成的任务转移到弹性时间。

我喜欢把弹性时间安排在周五下午。如果我没有太多的事情要做，而且能集中精力完成日程表上的项目，那么我就可以奖励自己早一点回家！这就变成了我愿意在一周内加倍努力工作的动力。周五下午的空闲时间就成了我与自己的小竞赛。

这是一个简单实用的方法，既能帮助你充分利用时间，同时还能找出你在哪些方面绝对是在浪费时间或做一些自我否定的事情（比如创建无休止的待办事项列表）。如果你想停止疯狂，就从这里开始吧。我保证这将改变你的生活，让你在天黑前回家。

从浪费时间到节省时间

作为教师，我们一直在寻找节省时间的策略！想方设法让必做任务更快完成，可以让自己有机会早点回家。

用电子邮件和家长沟通就是一项可能会占用大量时间的工作。一个省时的好办法就是为一年中要多次进行的任何类型的沟通创建模板。现在就为每封电子邮件编写一个基本版本，并将其保存在草稿中，这样你就可以将其调出，复制粘贴，稍作改动，并在一年中反复使用。

以下是一些你可以考虑创建的模板：

- 家长会会议通知、提醒和报名
- 要求提供用品
- 班级聚会需求
- 缺交作业
- 上半天课或不上课的提醒
- 在家完成的项目提交时间即将到了的提醒

你还可以根据自己班级的具体需要创建其他一些电子邮件模板。准备好这些电子邮件，可以帮你节省一点时间。积少成多！

读完本章，如果你有时间，我希望你只做一件事：

根据完成任务所需的时间安排任务。

我们经常会想，“今天我得好好批作业”。问题是，我们并没有决定到底什么时候要批改作业，以及在这段时间里要批改多少作业。即使我们完成了一些评分工作，我们也不知道自己是否真正成功。准确地决定我们将在一个时间段内完成哪些工作，会让我们更容易看到并庆祝我们的工作效率。

用“勇敢坚毅的方式”丢掉你的待办事项清单

1. 买一份有足够书写空间的硬壳日程本。
2. 每个周末留出一个小时来计划下一周的工作。
3. 每周进行一次“大脑转储”，并将任务分类：

   重要（只有你能做）；

   推迟（你可以稍后再做）；

   委托他人（别人可以做）；

   删除。
4. 安排时间完成最重要的任务。
5. 遵守你的日程表！

第三章

批量制作教案

在我教书的第一年，我赢得了一次游轮旅行的机会。

当我知道这个消息时，我正在开教职工大会。我按捺不住上蹿下跳，激动得像个傻瓜一样。游轮旅行对我们这个家来说感觉是如此不真实。当时我们有4个孩子，打好几份工，还欠了很多债。我们没有旅行的奢望。游轮旅行是一种享受。我们梦想着在豪华餐厅用餐，在海边喝东西，晚上跳舞。至少，我以为我们会这么做。

事实上，在那次梦幻游轮之旅的每个下午，我都在备课。

是的，我在计划我的备考课程，因为标准化考试就在几周后。我用吧台餐巾纸写下我的课程想法（你能相信我忘了带备课本和签字笔吗？）。我竟然在备课，而没有好好休息一下，享受一下和丈夫在一起的美好时光。事实上，我一直在谈论我想在休息后开始的科学单元，这让他感到非常无聊。幸好他热衷运动，没把我从船上推下去。

也许你从来没有在游轮上备课，但我相信你有过这种经历，你把本应该用来陪伴家人或关爱自己的时间花在备课上。你是否在节假日期间备过课？你是否在别人生日时备课？你是否在孩子踢足球时备课？你并不是一个人。我敢打赌，读这本书的每个人现在都在点头。作为老师，我们常常将备课置于生活之上。

如果你在周日晚上备课，这一章就是为你准备的！如果你在一周中太累太忙，以至于不得不在周日下午4点为下周准备数学课——更不用说阅读、社会研究课和科学课——那么你并不孤单。最糟糕的是，在你需要上课之前做计划，你会在网上寻找有趣的教学方法，或者寻找好的活动。紧接着，你就会下单只用一次的呼啦圈。

我的朋友，这样制作教案的时间太长了，因为你每周都要想出新的活动，每周都要花费几个小时。

是时候减少备课时间了！

我很想说，我在邮轮上备课时顿悟了。但我没有。我花了好几年的时间才意识到，花更少时间计划课程的关键是批量备课。设想这样的场景：你坐在家里看你最喜欢的节目。你喜欢吃甜食，所以你去厨房做你最喜欢的巧克力饼干。

你只是为今晚做了几个吗？也许明天晚上你可以再做几个？不！那将是非常耗时的。做两次饼干意味着你必须做两次所有的事情。把所有的食材都拿出来两次。搅拌和烘烤两次。更不用说你还得把所有的盘子都洗两次。

这就是我们分批烘焙的原因。当我们一次做很多饼干时，你只需要准备一次，你只需要等它们烤一次，而且你只需要洗一次盘子。只要有一点点意志力，你可以连续两晚都吃到饼干。

同样的方法也适用于课程规划。与其一周接一周地坐下来计划下周的阅读、写作、数学、科学和社会研究课，我将向你展示如何将这些工作批量化，一次性完成5周的单科课程计划。

为什么批量备课是最好的办法

养成批量备课的习惯有很多很好的理由。

我从来没有遇到过一个老师抱怨他们有太多的时间而没有足够的事情要做。节省时间是批量备课的一个巨大的好处。

这是使用传统方法的课程计划：你拿起阅读课本、进度指南（如果你有的话），大声朗读，发现一些中心活动。你试着为周一做计划，但头10分钟你盯着空白的电脑屏幕，打了一些东西，然后马上删掉了。大约10分钟后，你开始找到自己的最佳状态，接下来几天的阅读计划也会进行得更快。

然后，你不得不停下来，拿起数学课本、进度指南和一些作业纸，打开几个你喜欢用的网站。或者，你可能会花一个小时浏览网站找可用的素材。再一次，在准备第一天或第二天的课时，你卡住了。需要一段时间才能重新找到感觉。

任务切换很费时间！光是为每个科目准备不同的材料就需要花费很多时间。但更多的时间是让你的大脑进入状态。当你从一个科目切换到另一个科目时，你的大脑需要一些时间才能跟上。本应相对容易规划的课程，最终却要花费双倍的时间。

批量备课，你只需关注一个主题。你只需要拿出一套材料。虽然开始时仍有难度，但一旦开始，你的大脑就能专注于一项任务，并保持流畅。根据《今日心理学》杂志的说法，我们切换任务只需要大约十分之一秒的时间，但这种切换会使我们的工作效率降低40%！基本上，当我们切换任务时，我们会使用大脑的不同部分，这让我们比同时专注于一项任务时更快疲惫。这还不包括每隔几分钟就要拿出不同的材料。

养成批量备课习惯的一个绝佳理由是，它能带来更高质量的教案。你的大部分教案都是在活跃的状态下完成的。这时，你的大脑会做得最好，因为它更加专注。你在周日晚上一边追剧一边在最后一刻写出的教案，几乎永远不会是你最好的作品。

批量备课的另一个好处是，你将有更多的时间来为实际的课程做准备。如果你需要从商店里买材料，下次去杂货店的时候你就有时间去买了。这意味着放学后，当你筋疲力尽，还穿着为当天科学课增色添彩的弗瑞丝女士套装时，你就不必卡着最后的时间点去买材料了。

如果你需要复印，你将有时间计划复印时间。这意味着你不会在周一早上排长队等待，不必因为看到排在你前面的人正在复印全年的拼写单而感到紧张。额外的准备时间还能让你把材料封装，以便年复一年地使用。提前完成课程计划意味着可以在学校时间而不是个人时间准备材料。更何况，在没有材料的情况下开始一周的学习，感觉毫无准备，是会让你非常有压力的！

从准备进度指南开始

在开始备课之前，我们需要先讨论一下如何将整个学年分解成学期、季度、周和天。

在我早期的教学生涯中，我一直在摸着石头过河。我会想："按照这样的进度，我们能在考试前完成所有的课程标准吗？但愿如此！我们很快就会知道了。"

到了学年末，当我发现我们需要在最后一周挤出两个完整的数学单元时，这通常会给我带来巨大的压力。听起来很熟悉吧？

关于如何在一学年内向学生传授所有知识，我们得到的帮助少之又少，这有点令人抓狂。有一次，我所在的学校给了我们老师一张清单，上面列出了我们在这一学年必须教给学生的内容……但仅此而已。又有一次，我所在学区的管理者说，她应该在走进任何一间3年级的教室时，看到所有的老师都应该在完全相同的时间上完全相同的课。但她并没有给我们一张计划表，所以我还是不知道该怎么做。

我所接受的最好的准备工作是，我所在的学区召集了每个年级的几位老师，让我们制定了全年的阅读、写作和数学进度指南。我的脑海里一片空白！这份文件就像是我自己的藏宝图。实际上，我有了一张地图，可以帮助我安排全年的课程进度。如果地图上说我有3周的时间来教分数，那么我就知道，如果我花了整整3周的时间来教这个单元，我就走上了正轨。再也不用猜来猜去、手忙脚乱了。

但大多数学校并不是这样的。

得益于《共同核心教学标准》，美国大多数州对各年级学生需要学习的技能都有类似的标准。根据这些标准，教师可以计算出在某项技能上需要花费多少时间，例如在3年级教授乘法时，我就是这样做的。

有了地图，备课就会更快，因为你不必再为时间安排做决定。我应该用一周还是两周来学习名词？我们应该从小说标准还是非小说标准开始？所有这些决定都已经做出了！实际上，你是在批量处理所有的进度决定。

如果你已经有了进度指南，那你就是幸运儿中的一员（去跳个快乐的小舞吧）。如果你还没有教学进度指南，你并不孤单。（如果你想的话，你依然可以跳个快乐的小舞。）大多数学区并没有为所有学科提供这种资源。好消息是，你可以创建自己的进度指南。这并不难！一次就做出决定，比每周做计划时再回头看进度表要容易得多。

每次从一个科目开始。

1. 将学科分成若干学习单元。例如，在数学课上，你可能要给学生讲数位值、加法、减法、乘法、分数等内容。

2. 将这些单元分解成更具体的课程。在乘法单元中，你将详解关于重复叠加、等组、数组等内容。

3. 写出你想在每个单元上花费的周数。假设这是你的梦想世界，你有所有你想要的时间。

4. 计算你实际可用于教授该科目的周数。记住要考虑到开学第一周、感恩节、春假和考试等因素。

5. 确定实际教学周数与理想周数之间的差值。根据你的实际情况，开始仔细编排周数。调整这些数字，直到你感觉合适为止。或者至少是尽可能合适，因为我们都知道时间永远不够用！

6. 在每个单元和课程旁边标注日期。

现在你有了自己的节奏指南！它完美吗？

不会。事实上，我可以保证你会在这一年中陆续发现进度方面的问题。你只需做好笔记，每年调整进度指南即可。这是一份不断发展的文件，它只是一张地图，而不是你必须信守的书面文件。

有了进度指南后，拿出日程本。列出每个单元预计要花多少周的时间。（是的，我知道时间安排会根据学生的独特需求而改变。我们只是列出了一个灵活的计划。稍后我将讨论如何调整这些计划。）现在，你已经准备好批量备课了！

如何批量备课

一个典型的备课环节包括为5个不同的科目制订一周的计划。批量备课与传统的备课不同，因为你只需为一个科目编写几周的教案。备课有两种不同的方法，你要选择最适合自己个性的方法。我建议在决定使用哪种方法之前，先尝试这两种方法。

让我们回到我之前提到的饼干。我相信有两种不同类型的巧克力饼干烘焙师。你是哪一种呢？我是那种购买预制饼干面团的人。这对我来说很有效，因为我不用过多考虑如何制作饼干，而且每次的结果都是完全一样的。这就是5周批量备课的运作方式。每周看起来都一样，产生的结果也一样。在备课时间里，你总是在制作5周的教案。你不需要考虑太多，因为计划每周都不会改变。这就像为你预先准备好的饼干面团一样简单。

有些人使用从头开始制作饼干的配方。不得不承认，这些饼干做起来比较费事，但非常美味。烘焙师需要做更多的计划，买配料、测量用量、和面、洗盘子。对他们来说，额外的努力是值得的。这就是每单元批量备课的工作原理。有了这个计划，你就可以为一个学科的整个单元制作一批教案。这是最省时省力的方法，因为你不仅仅是为某一特定学科批量制作教案，你所计划的所有课程都有某种关联。这意味着你的大脑可以只专注于一个主题。当你完成备课后，就再也不用为那个单元做计划了。一次计划可以完成所有的观点写作课！一次备课可以完成所有的数学分数课。

每单元批量备课需要更多的规划工作，因为每个单元的长度并不相同。某一周，你可能会计划一个为期3周的阅读单元，而另一周你可能会计划一个为期5周的数学单元。你必须在日历上记录这一点，以免数学课程计划意外用完，不得不在周日晚上做最后的计划。尽管如此，每单元批量备课让保存单元教案并在明年重复使用变得非常容易！试想一下，明年你只需调出乘法教案文件并稍作调整，备课速度会有多快。

你应该采用哪种批量处理方式？这其实取决于你的偏好和个性。如果你喜欢简单、可预测的例行公事，每周需要同样多的精力、时间和课程，那么你可能会喜欢5周批量备课。但要注意的是，这种方法可能会让你在一次备课中准备多个主题。例如，你可以在同一天对加法、减法和乘法进行备课。如果你对此没有困扰，这可能就是适合你的计划。

有些人喜欢按主题组织自己的想法和课程。他们的视野更宽广，更喜欢一次性处理一个单元中的所有课程。如果在一个单元的中间停下，或者在一个为期4周的单元的第三周之后停止备课会让你抓狂，那么你可能更喜欢单元批量备课。

有了这个计划，你就会知道，在批量备课后，你将完成整个单元所需的每一课，无论是几何还是植物有关的课程。但是，由于并非所有单元的长度都完全相同，你在分批时必须更加灵活。你还必须非常有条理，并详细记录何时需要计划下一个单元。如果这听起来不像你的风格，你可能会坚持使用5周批量备课。

实际上，这两种分批备课方法都能节省时间。我只是希望你能诚实地面对自己，选择一个你最有可能成功并能坚持使用整学年的策略。如果你还不确定哪个最适合你，那就选一个最能引起你共鸣的。如果你喜欢，那就太好了！如果不喜欢，那就试试另一种方法。即使你中途更换方法，依然不会影响你的进度。既然你已经选择了自己的配料方式，下面就是配方。

5周批量备课配方

第一周：

编写5周的数学课教案。

第二周：

编写5周的阅读课教案。

第三周：

编写5周的写作和语法课教案。

第四周：

编写5周的科学课教案。

第五周：

编写5周的社会研究课教案。

这是最基本的配方，但与大多数配方一样，你可以稍作修改，使其更适合你。如果能让备课变得更轻松，你可以很容易地改变备课顺序。你想一周都不备课吗？或者你需要多备一门课？没问题！在第四周，你可以为科学课和社会研究课制订5周的课程计划。现在，第五周可以成为无备课周，也可以用来计划额外的科目。

单元批量备课配方

我会向你解释这个策略是如何运作的，但请记住，每个单元的长度都是不同的。你必须不断规划所计划单元的长度，并就每周必须为哪些科目备课做出必要的决定。

第一周：

编写乘法单元教案（4周）。

第二周：

编写性格特征单元教案（2周）。

编写观点单元教案（2周）。

第三周：

编写个人叙事单元教案（8周）。

第四周：

编写地理单元教案（4周）。

第五周：

编写除法单元教案（4周）。

采用这种批量计划时，我建议使用彩色编码系统，在日程本上标出你为每个科目计划的周数。虽然追踪起来比较费事，但你也会从中受益。这种方法可以让你的大脑进入深度思考的状态，节省时间，并创建可以年复一年使用的单元课程计划。

安排批量计划

一般来说，当我想吃饼干的时候，我就会烤饼干。我很少有计划。（成人生活的一部分就是在储藏室里随时放上糖和巧克力片。）晚餐吃饼干并不是事先计划好的。

我想烤饼干和备课的类比到此为止。你不能兴致来了就决定做一批教案。这样做太冒险了，势必会导致在周日深夜做最后一分钟才完成的、最基本的计划。要想成功地批量编写教案，并在今年为自己节省更多的时间，你需要在日程本上安排时间来进行规划。

我强烈建议你一次性完成所有5周的计划。总的来说，这将花费更少的时间，因为你将让大脑进入活跃状态，而且你只需要把材料取出一次。你需要看看你的一周安排，你可以花一到两个小时不间断地做课程计划。（在你儿子的跆拳道训练期间制订课程计划是行不通的。）定好时间，确保不为其他事干扰。

如何开始批量备课

我不想粉饰太平：刚开始分批备课会很艰难。实际上，前期需要花费更多的时间来完成教案。挑战在于你需要下周每个科目的课程计划，同时你还需要花时间分批准备一个科目的5周安排，或者分批准备一个科目的一个单元。这是双重任务。但这只是短期的挑战，从我们已经讨论过的长期效益来看，这将是非常值得的。我想开诚布公地谈谈起步阶段的困难，因为我不希望你们在看到自己的劳动成果之前就放弃。我们来做个交易吧。如果你承诺在前5周不放弃，我就给你一个开始批量备课的计划。成交吧？

下面的计划是针对前5周的。在这5周中，你需要为眼前的课程做计划，并为未来的课程做分批准备。在这个过渡时期，你每周需要备两次课。你会发现每周都会比上一周轻松一些！

第一周：

计划1：制订1周的阅读、写作、科学和社会研究课程计划。

计划2：制订5周的数学课程计划。

第二周：

计划1：制订1周的写作、科学和社会研究课程计划。

计划2：制订5周的阅读课程计划。

第三周：

计划1：制订1周的科学和社会研究课程计划。

计划2：制订5周的写作课程计划。

第四周：

计划1：制订1周的社会研究课程计划。

计划2：制订5周的科学课程计划。

第五周：

计划：制订5周的社会研究课程计划。

接下来的一周，你将从正式的批量备课开始，创建另外5周的数学课程计划。你现在正式开始批量备课了！如果你正在使用单元批量备课，则将使用类似的计划。在每周的第二个课程计划日，你将为一个主题规划整个单元。它可能看起来像这样：

第一周：

计划1：制订1周的阅读、写作、科学和社会研究课程计划。

计划2：制订1个为期4周的数学课程计划。

第二周：

计划1：制订1周的写作、科学和社会研究课程计划。

计划2：制订一个为期2周的阅读课程计划。

第三周

计划1：判定一个为期1周的科学和社会研究课程计划。

计划2：制订一个为期8周的写作课程计划。

第四周：

计划1：判定一个为期1周的科学和社会研究课程计划。

计划2：制订一个为期2周的阅读课程计划。

第五周：

计划：制订为期4周的科学和社会研究课程计划。

你会注意到这个计划不是例行公事。我加入了阅读课程计划的第二单元，以说明单元长度不同的事实，所以你需要仔细规划你计划的周数安排。

根据学生需要进行调整

每当我为一些老师做关于批量备课的培训时，总有人会说："我不想批量备课，因为我希望我的教案是基于学生的需求，而我不知道他们在4周后会需要什么。"这一点非常贴切！你总是希望你的课程是个性化的，是针对特定学生的差异化课程。在不确定前几节课会如何进行的情况下，你可能会很紧张地计划整个乘法单元，这不难理解。

我从不建议教案一成不变。我也不会建议你不根据学生的需要进行调整。但你想知道真相吗？当你面前有一整个单元的计划时，做这些调整就容易多了！如果你发现大多数学生在某项技能上仍有困难，你可以轻松地增加一堂课。计划一堂课所需的时间远远少于计划一整个星期的课程所需的时间。你只需将已创建的课程推后即可。

一个好的经验法则是每周在日程本上安排30分钟的时间，用于复习下周要讲授的课程。这段时间可以让你重新熟悉几周前写好的课程，还可以检查你是否有想修改课程或增加额外课程的地方。

更多节省时间的备课技巧

形成习惯

在教学的最初几年，我仍然相信好老师喜欢在课堂上进行各种活动的谎言。我拼命想证明自己也能成为一名出色的教师，因此我花了大量时间筛选备课内容。我会花几个小时创建板块，把我能找到的每一堂华丽而独特的课都收入其中。（老实说，我也会分心，开始收藏一些我永远不会尝试的食谱和我永远没有时间或耐心去做的手工家居项目。）

完成收藏工作后，我会开始问自己：我可以做什么有趣的事情？这周我可以让学生做什么有趣的数学题？本周练习语法的独特方法是什么？本周有什么有趣的写作项目可以让学生完成吗？

我非常努力地工作，确保每一周都与上一周不同。如果没有两个星期是相同的，我肯定会配得上一个“世界最佳教师”咖啡杯。（我可能不喝咖啡，但我还是想配得上这个杯子！）

我花了一整天的时间研究和准备所有的新活动。

我又想到一个好玩的例子想分享给你（请迁就我一下）：你是否有过去一个经常光顾的杂货店，却发现他们把整个店面重新布置了一番的经历？是不是很沮丧？你找不到任何东西。购物的时间是平时的两倍，最后你连最喜欢的燕麦棒都没买就走了，因为你找不到，而你又不愿再向别人求助。你的整个购物程序都被打乱了。你能想象如果商店管理者决定每周都重新安排会是什么结果吗？

这正是我在备课时对自己和学生做的事情。我每周都在改变一切。我的学生从来不知道该期待什么。这导致作业质量下降，学生的独立性和自信心大大降低。此外，所有的改变对我来说都非常耗时。我感觉自己就像杂货店的工作人员，不得不把谷物货架和烘焙货架调换一下。

解决办法很简单。要想节省大量的备课时间，就要形成常规的教学模式。你的目标应该是让每周的课程看起来与前一周几乎一模一样，而不是每周都增加新内容。如果我在每周二的同一时间走进你的教室，我就会看到你的教室里几乎在进行着相同的活动。对于某些学科，你可以选择每周例行活动。这意味着每天的活动可能不尽相同，但每周一和下周一是一样的。周二可能与周一有些不同，但每个周二都是一样的。我在语法和词汇方面使用了每周例行活动。

语法每周例行活动：

周一：

用幻灯片课件介绍一项新技能。

周二：

互动笔记本活动。

周三：

短文写作。

周四：

全班任务卡抢答。

周五：

评估。

词汇每周例行活动：

周一：

用定义和例句介绍单词。

周二：

为每个单词添加反义词和同义词。

周三：

将单词分成前缀、词根和后缀。

周四：

画出代表每个单词的图片。

周五：

评估。

对于其他科目，你可能会有每天的例行活动。这意味着每天的内容几乎相同。我有写作和数学的每日例行活动，如下所示：

写作每日例行活动：

小课10分钟。

独立写作25分钟。

写作分享5分钟。

数学每日例行活动：

数学知识2分钟。

热身3分钟。

小课15分钟。

练习10分钟。

第一次小组轮换30分钟。

第二次小组轮换30分钟。

为什么每周和每日例行活动能让备课变得更快？你不再需要花几个小时在网络上寻找每周的新活动。你也不必再阅读说明，琢磨如何准备和实施所有这些新活动。我的例行活动包括使用任务卡和互动笔记本。我对如何进行这两个活动进行了学习和研究。现在，这些活动可以全年使用，无需额外的研究。既然我知道全年都需要任务卡和互动笔记本活动，我就可以寻找包含全年材料的资料包。这意味着我不用赶着最后期限上网购物了。一旦我拥有了这套资料包，我就可以开始批量准备，这样我就不用在周日深夜打印、覆膜和剪裁了。当我填写教案本时，我再也不用问自己："这周的语法课该怎么上？"因为我知道在今年余下的时间里每天都要教授哪些语法！

使用教案模板

你们已经知道，我非常喜欢可爱的计划表和五颜六色的笔。如果你知道我花了好几个小时用贴纸和纸胶带把我的课程计划本弄得很可爱，你可能不会感到惊讶。这是一个美丽的杰作……也是对时间的巨大浪费！

使用高质量的教案模板可以节省大量时间。关键是要把定期重复的内容保存在模板中。如果你需要每天记录数学教师手册的页码，请确保你的模板中包含一周中每一天的"教师手册第#页"。如果你每天要参考课程编号进行写作课，请确保你的模板已为每天的写作课预留位置来填写"课程#"。如果你每周四进行语法任务卡活动，请确保将其保存到每周的课程计划模板中。不要浪费时间每周都重新输入一些东西。

编写代课教师的教案

唉！我感觉这就像死了一回。尽管这听上去很糟糕，但计划找人代课实际上甚至比带病上课要更糟糕。

——吉米·S.（就是我自己！哈哈）

在新冠出现之前，我因为不能请假，所以即使孩子生病了也送他们去上学。这不是因为领导找不到代课老师，而是因为我要花很长时间来写代课计划，准备一切。

——基尔斯滕·W.

有一次，我在上课的路上出了车祸。我首先打了911，然后第二个电话打给我的校长，第三个电话打给我丈夫告诉他我没事。其实我被迎面撞了，车被撞毁了——但是我让州警察把我送到了学校。校长、我的丈夫和学校的护士强迫我去医院，但我写完代课计划并复印以后才去了医院。

——詹妮弗·L.

怀孕37周时，有天早上我有点出血。但我还没有完成我的长期课程计划，我知道学生们需要我，所以我已经为这一天做好了准备，像什么都没发生一样投入工作。最后我不得不去医院，因为我那时已经要分娩了，第二天我的女儿就出生了。

——克里斯蒂娜·L.

如果你曾经有过创建代课教师计划的类似想法，那么是时候创建一个更好的系统和模板了！如果你在健康的时候花时间去准备，当你生病或不得不意外缺课的时候，你就永远不必处理代课计划的压力。

我们在准备代课计划时犯的最大的错误和浪费时间的行为是制订一个与我们通常使用的计划完全不同的计划。我们改变了常规和所有的活动，因为我们相信代课老师永远不会教得和我们一样好。在某些情况下，这可能是真的，但是当我们改变课堂的常规时，我们会让学生和代课老师的一天变得更具挑战性。学生已经习惯了我们每天和每周的例行活动，他们知道如何成功地完成这些活动，就像他们平常一样。一旦进行改变，学生突然需要更多的帮助，更有可能脱离任务。这会让代课老师一天下来筋疲力尽。相信我！在成为全职教师之前，我断断续续做了12年代课老师。

你能为代课老师和学生做的最好的事情就是保持日常惯例和活动不变。好消息是，这使得代课计划变得更加容易，因为你已经计划好了一天，你不需要想出新的活动来让学生整天忙碌。

接下来是坏消息，你不能只是把你的教案交给代课老师。对一个代课老师来说，这一般不够具体。解决方案是为一周中的每一天创建一个详细的课程计划模板。既然你现在有每天和每周的例行活动，每个周一看起来几乎都是一样的。所以你可以创建一个周一模板，其中包含典型周一的每一个细节。其他每一天也要这样做。将这些模板保存在一个易于访问的位置。当你需要休息一天时，打开模板，添加这一天的具体细节，如页码或朗读标题。这只需要不到10分钟的时间，因为你已经花时间创建了一个模板！

购买资源包

当我询问什么事情最浪费教案准备时间，他们绝大多数都认为是寻找好的资源。在我当老师之前，我以为老师们会得到他们需要的所有资源。我以为学校会提供课本、作业本、游戏和手工艺品。是的，我大错特错了。还有其他人也有这样错误的想法吗？

现实情况是，即使学校提供了一些课程，我们也几乎总是需要加以补充，以使课程更有吸引力，并满足学生的不同需求。我们的学校也很有可能为一个科目提供课程安排，但另一个科目却没有。又或者你有课程安排，但它太老旧太过时了，比如冥王星仍被列为行星。亲身经历，有衬衫为证。

寻找资源非常耗时。我会在网上在浪费几个小时，试图找到我负担得起的完美活动。在找到活动之前，我几乎不可能完成一周的课程计划。每周我都是从零开始。几乎每个科目我都需要新的资源。

有一周，我一时心血来潮，买了一整捆阅读材料。这比我习惯支付的费用要高。大多数时候，我会找啊找，直到找到符合学生需要的免费文章。这一周，我没有心情去找。我只想快点找到。这套材料太好了！我不仅有了这周需要的文章，现在我有了整个学年的文章。我基本上可以把每周的精读活动加入到我这一年剩下的课程计划中。这太令人满意了！

在这次经历之后，我决定把我喜欢在日常和每周的课堂上使用的所有材料列一个清单。我花了一些时间搜索和研究，直到我找到了成堆的任务卡、数学中心活动材料、交互式笔记本，等等。

是的，购买资源包是一项前期投资。我确实做了研究，问了问题，阅读了产品反馈。我想做出最好的决定。一开始感觉很贵，但最终节省了一大笔钱。

从长远来看，我节省了开支。我喜欢寻找免费资源，但现实是我不可能永远能找到免费的，而且免费的也不总是最适合学生。因此，我最终会在这里买一个3美元的单独资源，在那里买一个5美元的单独资源。随着时间的推移，我花的钱越来越多。事实上，每隔一两周购买的这些小东西，最后花的钱比我的资源包还多。更重要的是，购买资源包可以节省时间。当我收集了大量优质、易于与课程结合的资源后，我再批量备课。我每周花在搜索资源上的时间大大减少。我的时间是宝贵的。你的时间也很宝贵！资源包可以节省时间。

团队合作

假设你是高中生，你是哪种？当老师宣布你们将以小组为单位完成一个项目，这个项目将占你们成绩的很大一部分时，你是那个超级兴奋，开始环顾四周，与你最好的朋友进行眼神交流的学生吗？或者，你会不会因为知道自己需要完成大部分工作才能获得想要的成绩，而立刻感到心情沉重？我是一个疯狂的完美主义者，所以我绝对是第二种学生。我承担了大部分小组作业。我努力让每个人都完成任务，并鼓励小组里的每个人分享自己的想法。但最后，我还是自愿完成了项目的几乎每一部分，因为我知道只有这样才能按时完成项目。

团队合作制作教案可以节省大量时间，也可以浪费大量时间。这取决于两点：与你合作的人和你创建的系统。

一方面你可以拒绝以合作的方式来批量处理教案。它并不总是很合适。如果你和优秀的老师一起工作，但他们的教学风格与你的教学风格截然不同，那么他们制定的教案可能不适用于你的课堂。你可以说："不用了，谢谢。"也许你的队友有点拖拉，他们可能会在周日晚上很晚才写他们那部分的课程计划。这会给你带来压力。你可以说："不用了，谢谢。"也许你的团队队员都是最优秀的人，但他们都很健谈。这类队友的出发点是好的，但他们往往会延长项目时间，而不是节省时间，你可以说："不用了，谢谢。"

说"不"并不会让你成为一个糟糕的团队成员。恰恰相反。说"不"意味着你太在乎你的队友，不想把他们的时间浪费在不符合大家利益的合作上。你就是这样的人。

另一方面，也许你可以与一位教学风格非常相似的队友合作，而她也希望更快、更早地完成备课。在这种情况下，合作可以大大节省时间。从一开始就制定一些制度，确保这是一次出色的合作，既能分工合作，又不会增加压力。我们的目标是用一半的时间制作出高质量的教案，并在年底时仍能保持同事间的友谊。

首先，你需要进行分工，最好的办法是给合作中的每个人分配某些主题。先要讨论每个人都认为自己擅长什么。有些老师在阅读课上如鱼得水，而有些老师则在数学课上信手拈来。如果给合作中的每个人分配他们最有信心的科目，他们就会达到最高的工作质量。

其次，节省合作时间的最佳方法是同意独立完成工作。我曾经参加过教案合作，我们每周都会开会，共同编写下周的教案。会议时间很长，通常会议结束时计划还没有完成。当我们聚在一起工作时，会分散彼此的注意力。正当我们进入状态时，有人会打断我们，讲一个学生用鞋打同学的故事。这就变成了一场大讨论，每个人都在分享学生在课堂上做过的最疯狂的事情。30分钟后，你们重新回到备课状态。这样的合作实际上要比自己独自完成所有计划花费更多的时间。

相反，你们可以把工作分开来做。这样，你就可以在自己选择的安静环境中工作。你可以选择在放学后坐在书桌前工作，也可以当天晚上躺在沙发上工作。关键是，你们必须确定一个截止日期，每个人都必须承诺遵守每周的截止日期。也许下周的教案应在每周三提交。这样你们就有时间仔细阅读教案并提出任何可能出现的问题。

最后，你们需要就教案中必须包括的内容达成一致。如果在开始分工前没有做到这一点，结果可能会让你感到沮丧，因为你觉得自己没有得到所需要的一切，或者你比你的伙伴做了更多的工作。聚在一起讨论期待的教案内容吧。你们是否有特定的教案模板？你们是否负责创建评估？你们是否希望包含教学目标和标准？是否需要脚本或要点？是否要求有关人员为自己的学科领域制作副本，或者只是编写教案？请在一开始就把这些问题都敲定。我保证，在一开始就进行不愉快的谈话，可以帮助你接下来避免一整年中可能出现的各种戏剧化场景。

我已经分享了很多策略，现在是时候动笔了。现在就行动起来，做出决定，随后当你读完整本书后，将这些策略付诸行动的可能性就会增加。

你不会成为那个在假期里做教案的老师！

现在就行动起来，可以帮助你避免日后手忙脚乱。我保证！

读完本章，如果你有时间，我希望你只做一件事：

选择一个分批备课计划，并将其添加到日程中。

本章中的其他内容都会对批量备课方法有所补充，帮助你进行优化，最终能让你最大程度地节省时间、消除压力。所以你需要选择一种批量备课的方法，在一个季度内真正做到批量备课，并坚持下去。你可能需要几周甚至几个月的时间来掌握批量备课的窍门。一旦你开始真正进入状态，你就不会再在周日晚上为第二天早上、下周甚至下个月要教什么而感到焦虑了。

用“勇敢坚毅的方式”批量备课

1. 为你教授的每一门课程创建或找到一个进度指南。
2. 选择批量备课计划。
3. 进行批量备课。

可选：

- 创建课堂惯例活动。
- 使用课程计划模板。
- 购买资源包。
- 团队合作。

第四章

简化教学

我举办过一次10年难得一遇的派对。

我女儿们的生日只相差几天，所以我们有了一个疯狂的想法，邀请她们的三个班级的同学参加一个大型游泳派对。我租下了我们社区的游泳池。这个想法看起来非常棒。直到……一场大风暴突然来袭。我们住在凤凰城附近。我们几乎从来没有遇到过暴风雨。强风、暴雨和闪电会出现在我们的泳池派对上吗?

我们别无选择，只能带着所有的孩子、食物和礼物，把派对搬到了自己家。我们没有准备任何娱乐节目或派对游戏。孩子们本该去游泳！但是，我们有40多个痴迷糖果的孩子，他们拿着比萨和果汁，在家里跑来跑去。没有什么人能对这种程度的混乱有所准备。没有!

第二天一早，我拿着垃圾袋在家里走来走去，感觉像是在清理兄弟会的派对，而不是孩子们的派对。最奇怪的是，我的鱼形浴室地毯不见了。我询问了每个孩子，没人知道地毯去了哪里。谁会从孩子们的派对上拿走浴室地毯呢？几天后，我得到了答案。在学校查看邮箱时，我发现我的浴室地毯被塞进一个小盒子里，我的惊讶可想而知。盒子上还附了一张纸条，上面写着："西尔斯夫人，很抱歉我们拿走了你的地毯。我儿子在上面大便了，所以我把它带回家洗了。"

你开过这样的派对吗？在西尔斯家族里面，我们这可是大手笔。

我为什么要告诉你我们的疯狂派对和便便地毯呢？作为教师，我们往往被混乱所吸引。有时，这是我们最大的财富。有时，这也会让我们把事情搞得比需要的还要复杂。因为我们必须时时刻刻都感觉自己在做最多的事情，所以我们常常在简单的事情上给自己制造麻烦。结果就是不堪重负，精疲力竭。

重新爱上教学意味着我们需要简化一些教学策略，这样我们就可以减少一些日常混乱，拥有更多灵光一闪的时刻。

在本章中，我将向你展示一些改变课堂现状的方法。其中一些策略和技巧现在看来可能好得不像真的。和你一样，我也尝试过多种“最佳方法”来优化或提高我们的教学效率，让课堂更安静……但结果绝对是灾难性的。还记得刚刚说的我为40个不到7岁的孩子策划了一个泳池派对吗？

但事实是：为了实现你在第一章写出的成功定义——你做到了，对吗？——你的教学模式必须要改变。当你的课堂一片混乱时，你不可能每天都在中心活动和多个独立的小组保持联系，也不可能为学生创造灵光一闪的时刻。让我们简化课堂教学，让你保持头脑清醒，让你的学生学有所获。

战略❶
专注建立师生关系

我在亚利桑那州最高法院工作时，我的上司简直糟透了。他比我年长不少，而且是个律师。他看不起没有经验、只有学士学位的我。他会把我排除在办公室午餐邀请之外，而且他从不问我自己或家人的情况。当我怀孕后，他对我的态度更加恶劣。尽管那时我的职位级别并不算低，但有一次他还是把我叫到他的办公室，让我给他的订书机重新装钉。我忍不住了，让他滚一边去。当我为这个人工作时，我付出的努力微乎其微。我做了我该做的，但仅此而已。我没有动力让自己对他更有价值。没有人愿意在不了解、不喜欢、不信任的人面前努力工作、尝试新事物，也没有人愿意露出脆弱的一面。

学生也是如此。除非他们感到安全和被爱，否则他们不愿意冒险、失败或寻求帮助。当学生了解、喜欢并信任老师时，他们就愿意更加努力，付出更多。当师生关系牢固时，灵光一闪的时刻就会变得更加频繁。归根结底，如果你想提高学生的学习成绩，你就需要了解你的学生——不仅仅是学习上的，还有个人方面的。

我是一个自豪的内向者。（说真的，我很擅长找借口不去参加聚会、派对、婚礼和音乐会。）在同一时间与25个人建立联系对我来说有些可怕。老实说，我都不知道自己该如何记住他们的名字，更不用说他们的猫叫什么，以及他们最喜欢吃什么口味的冰激凌了。作为一名全新的老师，我觉得我需要在第一天就了解这一切，然后永远记住所有事情。但实际上，师生关系会随着时间的推移而加深。整整一年里，你都会不断了解到关于学生的新奇有趣的小故事。

我永远不会忘记萨姆。他个子超矮，但很有个性。刚开学几个月，我就发现他的成绩在下滑，上课也越来越不投入。他几乎每周五都会缺席。事实证明，这一点特别棘手，因为我们周五的考核比其他日子多。他总是不得不在下周补课，这意味着他错过了练习时间。这产生了多米诺骨牌效应。有一天在点心时间，我开始和萨姆谈话。

"你最近几个周五都不在，你不在的时候我们都很想你。"

"我必须在周五请假。那是监狱的探监日，是我唯一能见到爸爸的时间。"

这次谈话就像一记重拳打在我的心上。没有一个8岁的孩子应该面对如此强烈的感受。但不幸的是，有些孩子不得不面对。那次谈话后，我努力抽出时间提前给萨姆布置周五作业和评估，这样他就不会总是在追赶了。他开始对我敞开心扉，我们经常在课间休息时聊天。他会告诉我他想爸爸，他妈妈工作很忙。他的哥哥只比他大几岁，大部分时间都会照看他。萨姆信任我，把他的想法和感受都告诉了我。

萨姆从来都不是一个成绩优秀的学生。但那一年，他比我班上任何一个孩子都成长得更快。当我把批改好的试卷传给他时，他脸上自豪的神情让我很开心。

几年后，我在杂货店遇到了萨姆的妈妈。她激动地告诉我，萨姆上了中学。“真高兴能遇到你。萨姆在学校表现得很好。你一直是他最喜欢的老师。他觉得和你很有缘分。谢谢你！”

你与学生建立的关系会产生立竿见影的持久效果，就像我与萨姆的关系一样。以下是一些建立师生关系的简单策略。这些策略都不需要大量的课堂时间或个人时间。

提示1：每天与3名学生谈话

设定一个目标，每天有意识地与3名学生进行谈话。你可以使用手机上的“班级清单”，或者在你的课程计划中指定每天的3名学生。重要的是，你要做好计划，这样就不会因为课堂上的喧闹而忘记了这一点。

当你有意与学生沟通时，寻找机会问一些非学术性的问题。这可以在晨读课时、上课之前、点心时间、课间休息时或收拾东西时进行。这不应该让人感觉是一次正式会议，学生被叫到你的办公桌前。相反，这只是一次非正式的闲聊。目的是更多地了解他们。避免使用“是”或“否”的问题，尽量使用开放式的问题，这样更有可能引发来回对话。以下是一些提问建议：

你今天早餐吃了什么？

放学后你要做什么？

你周末做了什么？

你期待这个周末做些什么？

你最近在读什么书？

跟我说说你的衬衫，上面印的是乐队名还是电影名？

提问后，确保积极倾听他们的回答。看着他们的眼睛，在他们说话时点头。如果有时间，可以追问，向他们表明你对他们的生活很感兴趣。

每次上课，我都会发现有些学生很容易很快就和别人打成一片，而有些学生则需要更多的时间。这完全正常！不要气馁。事实上，当我遇到一个在课堂行为和学习效果，以及与我和其他同学在沟通方面都有困难的学生时，我会有意识地把我一天中的3次谈话都用在这个学生身上。我不会把3个学生都列入我的谈话名单，而会把重点放在与这一个学生的沟通上。我会在上午、下午早些时候和放学前寻找机会与他交谈。这些谈话可以是关于同一个话题的，也可以是关于3个不同话题的。重要的是，这些谈话不是学术性的。我们不是在谈论家庭作业、数学课或他们在学校图书馆的行为。相反，我试图更多地了解他们的家庭、兴趣爱好、生活习惯以及校外的好恶。我发现只要坚持几天，他们的课堂表现就会大不一样。你不能期望完美，但你会看到进步。

提示2：让学生带评语小纸条回家

有些家长习惯于只有在出现问题时才听取班主任的意见。每当我看到我孩子所在高中发来的电子邮件或打来的电话时，我仍然会屏住呼吸。当我开始让学生给家里带评语小纸条时，我真的很想改善与家长和监护人的关系。这确实发生了。有些家长给我寄来漂亮的邮件，感谢我花时间写下评语。但更重要的事情发生了。当我把纸条交给学生带回家给大人看时，学生们脸上洋溢着自豪的笑容。他们知道我为他们感到骄傲，我注意到并听到了他们的声音。他们感受到了爱！

不过，让学生带小纸条给家长可能会成为一项非常耗时的任务。重要的是要想办法简化日常工作，否则就很难保持一致性。我从超市买了一大叠记事卡，放在我的教案夹旁边。每周，当我把新的教案放入活页夹时，我会在活页夹的口袋里放上5张记事卡，每天一张。收拾时，我会在一张卡片上写两到三句话，然后交给相应的学生带回家。我没有写很长的信。几句话就够了。写完卡片后，我会在活页夹里的班级名单上给学生打钩。我试着每隔4到5周给每个学生发一次评语。

使用积极评语的另一种方法是在身边放一叠便条。每天找一个表现特别棒的学生或一个需要鼓励的学生。在便签上快速写上一句话，然后放在他们的桌子上。每天只需一张便条，对孩子来说就意义非凡。

战略❷

花更多时间教授程序

我要用这个令人尴尬的故事为自己正名。如果不出意外，这个故事将有助于提醒你作为一名教师的伟大之处。所以，故事开始了……

我是在一所高中的政治课堂上完成的实习教学。我真的以为自己会喜欢教高中生——直到我真的在高中教室里待了一段时间。（高中老师们，你们真的是英雄。）最后，我参加了更多的考试，并最终找到了一份教3年级的工作。我教过中学生，但从来没有教过3年级学生。我做了我唯一知道该怎么做的事，写了一份长达5页、单行距的教学大纲。这份冗长的文件包括了所有的课堂规则、目标、程序和政策。这是我写过的最无聊的东西。但这还不是全部。你知道我是怎么处理这份糟糕的文件的吗？

开学头两天，我让学生们坐在课桌前，逐条逐句地跟他们讲解教学大纲。我想，我的每一个学生回家后都会告诉他们的父母，我是多么的无聊，他们多么希望能换一个班级，在新班级他们会有更多的乐趣。

瞧，你已经是比我好上千万倍的老师了！我从来没听说过有哪个小学老师会为自己的学生制定高中水平的教学大纲。

除了建立良好的师生关系，在开学初以及学生需要复习的任何时候，向学生传授教学程序（我们的课堂将如何运行）是我们能利用课堂时间做的最重要的事情。当学生对期望充满信心时，学习成绩就会提高。我们都知道这一点，但我们常常匆匆忙忙地完成这一部分。因为我们感到有压力，必须在大考之前让学生掌握每一个标准要求。

丑陋的事实是：如果我们不得不在整个学年中每天多次停下来对学生进行行为教育，我们就会失去大量的教学时间。这将使我们越来越难挤出时间来完成所有的课程标准。这也会减少我们见证学生灵光闪动的机会。

相反，如果我们在教学程序上投入更多的时间，那么整个学年花在课堂管理上的时间就会减少。这就意味着有更多的时间来教学，每天的压力会更小，整个职业生涯也会更快乐。

如果你觉得自己不知道如何教授教学程序，那你并孤单！很多老师都觉得自己毫无头绪。没有人愿意成为枯燥乏味的教学大纲老师！（相信我，我在教书的第二年就扔掉了教学大纲。）教师有一种神奇的天赋，他们能把任何事情都变成有趣的活动，包括传授程序。

不过，万一你现在还是一筹莫展，我有几个点子。

提示1：示范不应该做的事

向学生展示如何排队吃午餐或在一天结束时收拾东西，这当然都很好。但是，如果给学生做示范，告诉他们哪些事情不能做，就能增强课堂的趣味性（和学生的记忆力）。我的学生一直很喜欢的一堂示范课是关于从教室图书馆借书的程序的课。

首先，学生们了解了什么时候可以去教室图书馆、可以借几本书，以及如何还书。接着，我会选择一名学生示范错误使用教室图书馆的方式。他可能会边说边跑向图书馆。然后，他可能会从书架上拿走两本不同的书，把几本书放在地上或放错了盒子。他还有可能会一直说话。

过了一会儿，我会把他叫回来，让全班同学讨论他做了哪些不被允许的事情。最后，我会请他示范如何正确使用教室图书馆。

每当我以这种方式教授程序时，学生们总是笑声不断。这本身就很有趣和令人愉快，而且你知道吗，笑声实际上会向大脑释放化学物质，有助于增强记忆力！只要确保在全班同学兴高采烈地向你展示如何错误地完成一个程序后，你要求他们做出正确的示范。

提示2：把程序变成游戏

有很多简单的方法可以把程序练习变成游戏。我最喜欢的是在索引卡片上写下一系列有关课堂程序的问题。这些问题可以是：

如果西尔斯夫人上课时你要上厕所，你该怎么办？

进行中心活动时，如果你的铅笔断了，你该怎么办？

在哪里可以找到多余的固体胶？

将这些问题与大多数学生已经会玩的棋盘游戏搭配起来。我喜欢用“糖果乐园”或井字游戏，学生必须首先正确回答程序问题，才能轮到自己。利用游戏复习程序还能让学生有机会练习玩游戏和小组合作程序！真是一举两得。

提示3：让学生来教

将学生分成若干小组，每组学习一种程序。学生应使用技术或锚图纸制作演示文稿，向全班讲授他们的程序。

无论你选择以何种方式练习程序，在全班学生都准备好之前，请不要急于推进。每个小组需要不同的时间才能真正独立并理解课堂上的所有要求。要有耐心，记住这样可以节省时间，避免日后出现问题。

战略❸ 简化你的系统

有好几天，我花在管理上厕所时间、寻找丢失的胶水帽、解决应该由谁把考勤表送到办公室的争论上的时间，比我正常上课的时间还多。至少我是这么觉得的。

毫无疑问，课堂上有很多制度需要建立和管理。你把这些制度搞得越复杂，不可避免地就会从你的日常工作中偷走更多的时间和快乐。系统越简化，你每天的压力就越小，你就有更多的时间去教，学生就有更多的时间去学。简单的系统让你更容易爱上你的工作。

在你的课堂上，可能有很多制度需要简化，以下是我用过的一些点子。

提示1：提前削好铅笔

教书的第一年，我犯了个错误，忘了把铅笔列在采购清单上。我们整年都没有铅笔。我总是请求家长捐赠，或者自己购买。当我终于有了铅笔后，我不得不想办法确定由谁来削铅笔，以及当学生丢了铅笔时该怎么办。

我尝试了网上所有别致的铅笔管理系统。谁知道一支铅笔会带来这么大的压力？我的意思是，大学可能都应该有一整节课来讲铅笔。对我来说，铅笔大战和班级竞赛实在是太费事了，浪费了太多的课堂时间。

最后，最简单的方法是最好的。我用一个罐子装锋利的铅笔，一个罐子装折断或变钝的铅笔。每天下课后，由一名学生削铅笔。如果学生需要铅笔，他们可以从罐子里拿一支。不问任何问题、没有结账系统、不需要班费。只需拿一支铅笔，然后继续做作业。

简单的，就是幸福的！

提示2：别再当厕所管理警察

我当时在利特尔女士的班上5年级。我们刚做完课间操回来，我就意识到我要小便。没错，我就是那个孩子。我问利特尔女士我能不能去厕所，她说："不行，你应该在课间休息的时候去。"

她没错，但我没有在课间休息时去，我现在必须去。于是，我坐在利特尔女士5年级教室的地毯上尿了裤子。

这太尴尬了。我不得不把羊毛衫系在腰间，羞愧地走到护士办公室，妈妈已经被叫来这里。在接下来的一年里，我都不敢正视利特尔女士。

幸运的是，我现在的膀胱更强壮了。否则，我永远也当不了老师。但这段经历帮助我为学生们制定了简单的上厕所常规，而不用去管学生什么时候该上厕所，什么时候不该上厕所。（因为有时候，你就是得上！）

我教给学生们在课间休息开始时上厕所的常规。我在上午找了5分钟的时间，让全班上厕所。除此之外，学生们可以在需要的时候上厕所，但最好等到西尔斯夫人讲完话后再去。

有些学生利用了这种自由吗？也许有。我选择视具体情况而定，而不是强迫所有学生在真正需要上厕所时都“忍着”。老实说，当你感觉自己的膀胱快要爆炸时，你还能认真听讲、学习，并做出最好的成绩吗？我做不到。

提示3：简化课堂工作

在我任教的头两年，我绞尽脑汁为教室里的每个学生都准备了足够多的岗位和工作。我在教室墙上布置了一个精心制作的展示板，每周都会让学生轮换体验不同的内容。事实上，这个展示板对我来说是个大工程。学生们呢？他们经常忘记做自己的工作，或者不记得如何做工作，因为轮换工作需要几个月的时间。

几年来，我一直告诉自己，我需要在工作轮换方面做得更好，于是我决定简化工作。我意识到，与其每天安排25名帮工，不如减少厨房里的厨师人数。每天只有两名助手会更有效。我把所有学生的名字剪下来，分成两堆。我每天从两堆中各选择一个名字。这两名学生在一天中完成我需要他们完成的任何任务。

对我来说，这无疑减轻了班级工作的压力，节省了时间。我还注意到另一个好处。当学生们有自己的工作时，只有当这是他们的工作时，他们才会去做。例如，如果一个学生看到地上有一本书，他们就会任由书留在地上，除非当天他们被指派担任图书管理员。有了新的制度，我让学生们知道，打理教室是每个人的工作。帮手们的工作不是打扫教室。相反，他们的工作是帮我跑腿或发学习资料。因此，如果有学生看到地上有一本书，他们就会觉得自己有责任，把它捡起来，放回原处。

战略❹ 让差异化教学再次简化

最近，我正在与大约600名老师进行现场培训。我分享了一些教学生学习数学分数比较的策略。当我提到一些针对学生的差异化策略时，一位老师勇敢地问道："你是否一直在进行差异化教学？"是的！我一直在进行差异化教学，因为我的学生水平不同，学习方式也不同。当我们满足学生的需求时，我们会增强他们的信心，见证更多的灵光闪现的时刻。

但差异化教学可能很难。真的很难。

也许你和我一样。我以为差异化教学就是根据学生的水平给他们布置不同的作业和活动。我有4个不同的阅读小组，每个小组做的事情都截然不同。当某个学生有困难时，我就会专门为他们寻找不同的活动。如果学生完成得很快，我就会为他们准备一整套不同的活动。所有这些活动的计划、教学和评分都让我应接不暇！

我要抛出一个真相炸弹：

布置不同的作业并不是实施差异化教学的唯一方法！这只是一种方法。老实说，这可能是最复杂的方法。我并不是说你永远不需要在差异化教学时布置不同的作业。但我想说的是，这不应该是你唯一的差异化教学方式，甚至不应该是你最常用的差异化教学方式。尽可能简化这个方法！以下是一些可供参考的想法：

提示1：利用辅助工具进行差异化教学

一个简单的差异化教学的方法是，为有需要的学生提供支持或资源，帮助他们获得更多的灵光闪现的时刻。在课堂上进行跳数教学（一种教授乘法的方式）时，可以在黑板上显示数字。需要看的学生可以看，其他人可以闭上眼睛。当全班都在做语法任务卡时，允许一些学生在活动中使用他们的互动笔记本。如果学生在玩数学游戏或完成中心活动，允许有需要的学生使用乘法表。这种类型的区分不需要任何额外的计划或准备！

提示2：缩短作业时间

我参加了数学课程编写者举办的一次培训。培训师谈到，每天给学生不超过10分钟的时间来完成练习单。一位老师说："但我的很多学生不可能在短短10分钟内完成练习单。"培训师看起来很惊讶。他说："我们从来没想过让每个学生每天都能完成整张练习单。"

我们的数学作业单和其他大多数作业单都是从较简单或较具体的问题开始的，然后逐渐变得复杂和抽象。超过本年级水平的学生会很快做完这些问题，并在短时间内完成作业单。水平较高的学生可能会很快做完前几道题，然后在最后的部分减慢速度。他们可能会在相同的时间内完成四分之三的问题。对本年级概念掌握有困难的学生可能会非常缓慢地做完前几道题。他们可能会因为阅读速度较慢、画图解题或甚至使用操作工具而放慢速度。他们可能只完成作业单的一半。这就是差异化！学习有困难的学生还没有准备好解决更复杂的问题，而水平较高的学生正在接受挑战。

你可以通过关注作业完成时间和准确性而不是完成情况来进行区分。你还可以划掉一半的作业，或要求某些学生只完成中心作业的某一部分。

战略⑤ 让小组和中心变得更易于管理

在我们的课堂上，满足不同学习者需求的最佳方法就是开展小组活动。我小时候，老师几乎每节课都是面向全班同学的。每个学生都接受完全相同的课程。

在这种教学方法中，大约有三分之一的学生感到厌倦，因为他们已经准备好迎接更多的挑战。还有三分之一的学生完全迷失了方向，因为他们还没有准备好学习这项技能。只有三分之一的学生真正学会了老师当天所教的技能。

自从我上小学以来，K–12教育的最佳实践已经有了长足的进步。（说真的，我已经很老了！）大多数教师都知道，小组教学是理想的教学方式，因为它让我们有机会满足每个学生的需求，让我们有机会更好地了解学生的思维。

然而，为了有效地教授每个小组中的一部分学生，我们需要班上的其他学生参与到他们的中心活动中。天哪，中心活动时间可能是课堂混乱的缩影！我还记得学生们说过的话，就像昨天发生的一样。

“西尔斯夫人，我做完了，现在干吗？”

“我能去洗手间吗？”

“亚历克斯踢了我的鞋子，他不说对不起！”

“我的电脑坏了。”

“我不明白。”

“什么时候吃午餐？”

除了面对学生不停的干扰，你还要把大量高强度的教学安排挤进一小段时间里。一旦你开始和小组一起阅读，或者你解决了一个数学问题，你就需要换组，这通常包括让学生从一张桌子换到另一张桌子。

小组教学的时间可能是混乱的，更不要提学生们还会不停地吵嚷，整个教室陷入巨大的噪声之中。你可能安排学生们为一场比赛展开辩论，学生们在谈论课间休息时将要进行的踢球比赛，而此时全班最安静的学生却试图问你一个数学问题。

难怪在小组或中心时间结束时，你会感到筋疲力尽。老师们开始取消一天中的这一部分时间，我一点也不感到惊讶。谁想每天都这么疯狂？

但如果我告诉你我能让你的小组和中心时间变得更容易呢？如果我告诉你，你能更享受这段时间，你在每组的教授效果能变得更好、更持久，你的学生也能变成更独立的学习者呢？我知道，你会觉得这些听起来太美好，所以不可能是真的，是吧？我跟你保证，这些都可以实现。

一位“勇敢坚毅的教师”社区的成员坎德拉用这种方法简化了她的课堂，节省了她大量的精力。在教书的第一年，每天面对3个小组，坎德拉努力满足所有学生的所有需求。在小组间切换（尤其是面对1年级学生）花费了太多宝贵的时间。她以为自己应该每天都和每个学生见面，所以她照做了。

在第二年，她发现分成4个小组学习可以更好地满足学生的需求。一天之内安排4个小组看起来很乱，所以她决定把小组两两分开。她每天会见两个小组，这使情况发生了很大的转变。她的切换就变得更快更平稳。此外，她的学生从他们的学习中心也学到了更多，尤其是以教师桌为中心时，这使得准备工作变得容易得多。从那以后，她再也没有回到以前的工作方式。当她看到中心活动在她的教室里进行得很顺利时，她甚至将她隔壁老师的教室也转变成这种中心轮换的风格。

作为老师，我们已经习惯了这种疯狂。因为我们觉得我们每天都要指导到班里的每一个学生，这很有必要。正因为如此，一些孩子总是会偏离任务，切换不可能变得流畅和简单。

我说得对吗?

不，这是不对的。

事实上，我们完全有可能安排有组织的、相对平静的中心活动和小组时间，把噪声和能量水平维持在7级，而不是10级或11级。我们很多人觉得自己每天经历的混乱似乎很正常，这只是因为其他人也有同样的经历。

我是说感觉正常并不意味着它就是正常的。如果你也跟一些老师一样，认为你班上的孩子都太焦躁、太难管，所以你不能安排中心时间，请你听好了。以下3点建议将使你能够顺利安排小组和中心活动时间，而且承受更小的压力、带来更大的影响，同时也有更多的趣味。

提示1：不要每天见4个及以上的小组

我不知道这种做法是从哪里开始的，我和很多老师合作带班时，发现他们总在班上设置4个阅读或数学小组，并尽量每天指导每个小组。与我交谈过的一位老师说他班上有9个小组。9个!

从字面上看，根据学生的技能水平将他们分成不同的小组听起来是个好主意。如果你有一个小时的时间来开展小组活动，而且你和大多数数学老师一样，有合理设置的4个小组，那么你可以计划每天花15分钟来指导每个小组。这样，每个学生每天都能接受小组指导。很棒吧?

大错特错，这可不是实际情况。在这种结构中，你忘记了小组之间还需要5个不同的切换时间。如果每次切换都是3分钟，那么你已经损失了15分钟的小组活动时间。现在，每个小组只有11分钟。一旦你给了他们材料和说明，他们到底还有多少时间来阅读或解决数学问题？时间变得非常紧张！老实说，在这么多孩子之间来回走动会让人筋疲力尽。这时，你会开始觉得自己在跑马拉松。（或者和40多个7岁的孩子一起举办派对！）

我有一个简单的解决方案，一开始听起来可能很疯狂，但请耐心听取我的意见。把你的班级分成4个等级小组，每天只见两个小组。

我知道你可能不太认同，但请给我一个解释的机会。较少的小组会面意味着你需要更少的切换时间，你也就有了更多的时间与这些小组一起学习。学习时间长了，就有可能深入钻研文本，或使用教具完成更多的数学问题。更长的时间还有助于学生取得更大的进步，使小组活动时间不那么紧张，从而减少混乱。

你可能会想："但是，我那些每天都需要小组活动时间的学困生怎么办？"

我完全理解你。当我改成每天与两组学生见面时，我发现我每周花在每个学生身上的时间实际上比每天与4组学生见面时还要多。我可以证明给你看——不需要教具。

一开始，我每周有4天要花一小时在班里的小组活动上。当我每天与4个小组一起上课时，我必须每15分钟轮换一次小组。但这并不意味着我真的和每个学生相处了15分钟——因为有切换时间。即使我大方地说，我的学生每次都能在4分钟内有效地切换，那也意味着我每天与每个小组相处的时间为11分钟。这意味着我每周与每个小组或每个孩子相处的时间大约为44分钟。这还是在一切顺利的情况下，没有出现学生用错蜡笔、集体傻笑，或搞各种哗众取宠的小动作等情况。

将每周的44分钟与我每天只与两个小组见面时的52分钟相比。当然，学生们见我的次数少了，一周只有两天，但他们每次和我在一起的时间从11

分钟变成了26分钟。此外，切换时间少了，恶作剧和潜在的分心也就少了。计算方法很简单，如下表所示。请注意，此表还考虑了小组间切换所需的时间。

每天4组=	每天2组=
15分钟轮换时间－4分钟切换时间	30分钟轮换时间－4分钟切换时间
11 x 4 =	26 x 2 =
每周44分钟	每周52分钟

总的来说，每天只与两个小组会面，时间更长，所需的切换时间更少，这意味着我每周实际上与所有学生一起度过了更多的小组活动时间。

我知道你的下一个问题是："但我必须每天上课，否则我永远无法在年底前完成课程。"

我明白！我每天都上新课。没有必要放慢全班上课的节奏。现实情况是，你会有两倍多的时间来上小组课。你可以根据小组学生的需要，复习昨天课上的问题和解答今天课上的问题。

提示2：不要每周更换中心活动

刚开始使用中心活动时，我一直在寻找新的活动来让学生获得娱乐。我认为新颖刺激的活动能让他们参与其中，也能让我更轻松地开展小组活动。实质上，我想让活动成为保姆。所以我每周都在网站上寻找便宜或免费的活动。我特别喜欢可爱的季节主题，因为我确信我的学生们一定会喜欢。每周我都要为中心活动做大量的剪裁、粘贴、贴标签、裱糊工作。然后，我还得在每周一的课堂上教学生如何完成新的中心活动。结果呢？我浪费了大量的时间，而我的学生却从未对中心活动感到自信，这导致他们缺乏独立性和理解力。哎呀，计划不是这样的!

我犯的第一个错误是把中心活动当作学生的娱乐活动。说到底，学生们每周都会在中心活动室花费大量的课堂时间。我们的时间都很宝贵，因此中心活动应该有一定的针对性，比如近期我们教给全体小组一个技能，中心活动的内容设计应该围绕该项技能，并让组内的每个学生的技能都在参与这个中心活动中得到强化。活动可以很有趣，但也要有目的性。

我犯的第二个错误是不断更换中心活动，让学生陷入失败。我不想让他们感到无聊，但我没有意识到的是，我让他们几乎不可能对活动的方向和期望有信心。不断尝试做一些新的、令人兴奋的事情，实际上会让我的一些学生变得非常焦虑!

解决这个问题的办法是找到一些全年不变的中心活动。你可以每隔几周更换一次教授的技能，但实际活动应该保持不变。现在，你可以花时间教授课程目标，而学生也能学到在全年都能获得成功的工具。这大大增强了他们的独立性。他们现在的注意力集中在技能上，而不是完成活动的指令上。全年维持相同的中心活动也会为你节省大量时间！你需要投入一些时间来寻找全年都可以使用的活动。

以下是一些可以全年开展什么活动的建议：

阅读中心	数学中心
读给自己听	数学事实游戏
根据阅读提示回答	适合各种技能的数学中心资源包
学生杂志	数学日志写作提示
应用程序或网站	应用程序或网站

提示3：不要再把小组活动复杂化

当我刚开始进行阅读和数学小组活动时，我为每一个小组都写了详尽的教案，简直要了我的命。每个小组都有不同的活动，我都得准备。这就像是为4个不同的班级做计划和准备。我很快就累垮了！没过多久，我就意识到我需要把事情简化。你不需要复杂的活动来区分你的小组。

> 我有10个不同的讲台，每周五我把它们都换掉！
>
> ——克里斯汀

如果小组活动时间很容易安排，你会怎么安排?

我决定每个阅读小组都成立读书俱乐部。其中三分之二的时间我们一起诵读，剩余时间我们在梳理信息的表格上填写阅读内容。我的所有小组都这样做，这让计划变得简单。我还能简单地进行区分。每个小组根据自己的阅读水平阅读不同的书。我们会按照本组的进度来阅读，因此没有必要强调要与其他组同时读完这本书。我还对表格进行了区分。每个小组都使用相同的表格，但使用方式不同。有些小组独立完成，有些小组则与伙伴合作。阅读最困难的小组得到了我最多的帮助，最终也填完了表格。

数学小组的计划和准备工作也很简单。小组活动的时间用来练习我教给全班同学的技能。我会从练习或家庭作业单中选择题目让学生解答。有些小组使用了大量的教具，有些小组则准备用有限的教具和更多的图画来解决问题。各小组按照自己的进度来做，我会根据他们的水平提供所需的支持。这些问题都是在白板上完成的，所以我几乎不用为我的小组准备任何特别的东西。

战略❻
简化进阶活动

每个学生的学习进度都不一样。这是事实，也是一种痛苦，因为我们总是需要为这些学习速度较快的学生设计进阶活动。要准备的东西更多了！唉！我认识的很多老师都希望这些活动能够利用好这些宝贵的时间，但我们也不想把活动搞得太难，让学生们为了能够完成一个超级有趣的进阶项目，就匆匆忙忙赶工（无疑会犯愚蠢的错误）。

就像教学中的很多事情一样，进阶活动也是一种让人感觉掀不起什么水花的平衡之举。

我有点不好意思承认这一点，但我已经告诉过你们我的便便地毯的故事了，所以我还能有什么损失呢？以前，我每周都要花好几个小时为我的进阶活动复印数学知识材料。我还记得在学校参加儿子的管弦乐音乐会时，我在演出间隙跑到复印室给复印机添纸。一沓一沓的纸用完后，我只剩下几张剪纸、一个恼火的丈夫，以及为数学进阶学生准备的无聊活动。我到底在想什么呢？

在尝试了几乎所有方法后，我再次意识到，简单才是答案！（几乎总是如此。当我把所有事情都变得复杂时，我怎么就忘了这个呢？）

下面是我的进阶学生会做的事情：

- 阅读：自己读或者去图书馆读
- 写作：写一个新的故事
- 数学：做数学练习题

超级简单吧？我想指出两件事。首先，这些活动都不需要我做准备，我再也不用在复印机前熬夜了。同样，这些活动都不需要上交和评分。进阶作业只是学生的额外练习，不是我的额外作业！

战略❼
爱上你最讨厌的科目

数学是我最喜欢教的科目。我喜欢数学里的动手操作，我喜欢教授各种各样的策略，这样学生们就可以进行实验，直到找到最适合他们的方法。当我准备的时候，我总是比其他科目花更多的时间查找数学游戏、活动和策略。我会兴奋地尝试新的数学程序，使数学课更具实践性，帮助学生对概念有更深的理解。作为一名数学教育工作者，我喜欢成长。每次我想到让数学课堂更有效，就好像多巴胺在作祟。

另一方面，我讨厌教写作。我以为我会成为一名出色的写作老师，因为我一直喜欢写作。小时候，我想成为一名作家。我过去常常从学校图书馆查阅词典，在课间休息时坐在墙边选个超级有趣的单词，围绕它写故事。

当我成为一名教师时，我只是假设学生们会像我一样热爱写作，但这与现实相去甚远。我的学生讨厌写作。他们没有信心，没有耐力，也没有欲望。当我凝视着那一双双因为无聊而痛苦的小作家的眼睛时，我意识到我缺乏有效教授写作的技巧和策略。

像许多老师一样，我在大学里从来没有上过专门教写作的课。喜欢写作并不等于知道如何教它。于是我开始讨厌写作时间。我讨厌备课。我花很少的时间学习新策略或寻找资源。相反，我只是祈祷数学要花很长时间，这样我就有借口不写了。我甚至希望在写作时间来一次消防演习。和25个8岁的孩子站在室外的高温下听起来都比教写作要好。

如果你曾经发现自己讨厌一门课程（或者至少强烈地反感），那么你就会知道这种消极情绪会多么迅速地偷走教学的乐趣。如果你每天都害怕一天中的某个时间，就很难热爱教学。如果你想重新热爱教学，想办法热爱（或至少喜欢）你最不喜欢的科目是有意义的。但是怎么做呢？

想想你最喜欢的科目。你喜欢教这门课的原因之一可能是你取得了成果。那么，问问自己这些问题吧：

“我在这个科目上做了哪些有效的事情？”

“我能在我最不喜欢的科目上使用类似的策略吗？”

这些问题很简单，但答案却能让一切变得不同。当我爱上写作时，我问自己，在我最喜欢的科目——数学上，我做了什么有效的事情？以下是我头脑风暴得出的一些答案：

- 以学习单元为单位进行教学，让学生在掌握一个单元后再继续学习。
- 将技能分解成小块，并融入课程中。
- 让学生有机会立即练习新技能。
- 提供选择的机会。
- 与小组会面。
- 使用教具。

这个清单原来很长，但你现在看到的都是重要的几条。然后我问自己，我在教写作的时候可以使用这些策略吗？答案是肯定的！

首先，我开始在较长的学习单元中教授写作，就像我在数学课上所做的那样。我们开始用整整8周的时间来学习每种体裁，而不是频繁地从一种体裁跳到另一种体裁。

接下来我意识到，我原来是在试图通过一节课教会学生优秀作家所做的一切。于是我决定将这些课程分成更小的部分，以便我构建这些课程。

然后，我开始让我的小作家们选择他们的写作工具和写作主题，而不是要求他们用2支黄色铅笔，根据强制性提示写作。

我没有试着和学生们一对一地见面阅读他们的写作成果，而是创建了一些写作研讨会小组，这样我就可以更频繁地和学生们见面。

这些变化中的每一个都帮助我的学生取得了更大的成功。他们开始更喜欢写作，这带来了明显的进步。当我的学生喜欢写作并取得成绩时，我也开始喜欢教写作！虽然写作从未取代数学成为我最喜欢教的科目，但我不再害怕写作研讨会的时间。教写作不再会夺走我每天的快乐，甚至我偶尔也会发现自己玩得很开心。

战略❽

寓教于乐，化繁为简

让学习充满乐趣对我来说是如此重要，以至于我经常发现自己在做一些疯狂的活动。这些活动花费不菲，需要花费大量的时间来准备。我举办过图书品鉴会、房间改造活动、主题派对、精心制作的艺术项目，并特邀嘉宾来演讲。学生们通常都玩得很开心，我也喜欢看到他们开心的样子。但有时回到家，我会筋疲力尽，无法享受和家人在一起的时光。有时，我会沉浸在创造乐趣的过程中，以至于忘记了课程标准和学习目标。还有的时候，我会因为用品的费用而感到压力。

享受乐趣和看到学生享受乐趣有助于保持对教学的热爱。因此，我当然不是建议你永远不要举办大型派对或改造教室的活动。不过，我建议你明智地选择，并将其限制在你觉得有趣和可控的范围内。好消息是，你可以轻松地为日常课堂增添乐趣，而无须把教室变成手术室，甚至无须拿出亮片。在保持简单的同时增加趣味性，这将有助于减少压抑感。以下是一些简单的点子：

提示1：提供大量选择机会

你还记得少年时代读过的“选择你自己的冒险”系列图书吗？这套书是最棒的，因为你真的可以选择故事如何发展下去。选择是妙不可言的！有了选择，一切都会变得更有趣。外出就餐令人开心，因为你可以从菜单上点任何你想吃的东西——即使是你的配偶和孩子绝不会吃的饭菜。我们的电视现在有大约1000个频道，如果这还不够，我们还可以在许多不同的应用程序上观看流媒体节目。你可以选择在家中随时随地观看几乎任何节目或电影。

在课堂上增加选择可以非常简单。这绝对不是指布置一堆不同的作业，让学生选择做哪一项。不可能，那太麻烦了！以下是一些为学生提供选择的简单方法：

- 自己选择写作主题，而不是根据提示写作。
- 选择中心活动的顺序。
- 在教室里选择地方完成中心活动、写作或独立作业。
- 选择自己的伙伴。
- 从各种小游戏中选择一个游戏。
- 在独立阅读时间选择自己的图书。

提示2：将枯燥的作业变成简单的游戏

这里的关键是要选择超级简洁的设计！学生不需要精心设计的游戏来获得乐趣。一个简单的游戏可能比一般的作业本有趣得多。我喜欢用互动笔记本、任务卡和中心活动来代替作业本，但有时作业本又是必要的。只准备作业本有时很容易，但你仍然可以让它变得有趣。你不必每天都把作业变成游戏，但时不时地加入一些游戏，你的学生一定会笑逐颜开。以下是几个适用于任何科目的游戏点子。

投骰子，计分数

学生与伙伴合作，轮流完成作业单中的题目。完成问题后，同伴会检查他们的作业。如果准确无误，学生就掷两颗骰子并相加。数字代表该学生在该问题上获得的分数。现在轮到他们的搭档做下一道题。学生将来回进行，直到所有问题都回答完毕。然后将分数相加，看看谁的分数最高。

四连棋

这是一个适合同桌分组玩的游戏，给每个小组分配一种颜色的便签。在白板上画一个网格。小组必须合作解决作业单上的问题。如果他们的答案准确无误，就可以在网格上贴上自己小组的便签。一个问题解决后，该小组继续解决另一个问题，并重复这一过程。最先在网格上连续贴上4张便签的小组为获胜小组。

随机数字

学生可以独立完成这个游戏。在白板上画一个1到100的数字表。学生将努力完成作业单上的问题。一旦学生完成了一个问题（或更多，题目数由你设计），他们就会来找你核对答案。如果答案准确，他们就可以在数字表的一个方格中写下自己的名字。时间不够时，可以使用随机数字生成器应用程序来选择几个数字。如果学生的名字出现在那个数字所在的方格上，他们就可以获得奖品或奖励。

提示3：让学生站起来，动起来

让学生经常从座位上站起来活动活动，有助于提高他们的注意力，减少坐立不安的情绪。而且这也非常有趣！

任务卡抢答

在我的课堂上，任务卡抢答一直是学生们的最爱，因此我规定每周至少抢答一次。在教室里分发任务卡，并给学生一张记录表。学生选择离自己最近的任务卡，然后在教室里走动起来，回答每张任务卡上的问题。为了简单起见，我没有设置计时器，要求学生在计时器停止后移到下一张卡片。有些孩子需要更长的时间，有些孩子则很快就能完成。我让学生按照自己的节奏来做，帮助他们完成任务并减轻压力。

脑力休息

脑力休息是很好的过渡活动，可以帮助学生在进入下一个活动之前重新集中注意力。它们是为课堂增添运动和乐趣的简单方法。我特别喜欢在课间休息、午餐和特别活动后给学生安排脑力休息时间，因为这些时间是最难让学生集中注意力的时候。可以安排一些伸展运动、瑜伽动作、简单的合唱，甚至是一些自由舞蹈。

有更多的灵光一现

凤凰城实在太热了。每年有一半的日子气温在100华氏度（约37.8摄氏度）以上。夏天，你可以在人行道上轻松煮熟一个鸡蛋（但千万别吃人行道上的鸡蛋！），也别再说这里是干热了。热就是热。

在凤凰城，空调费很贵。我所在的学校为了省钱，规定夏天室温达到90华氏度时，空调才能打开。这可不是一个舒适的室温。既然老师们整个暑假都休息，这也没什么大不了的，不是吗？对我来说不是！在我早年的教学生涯中，我的工作和生活没有得到任何平衡，所以每年暑假我都有相当一部分时间在教室里工作。但天气太热，与其说我去工作，还不如说我去流汗。

直到我突然灵光一现。我打开台灯，把灯泡对着教室里的恒温器，随着台灯越来越热，恒温器上的温度也开始上升。温度超过90华氏度后，空调启动了。太好了！我的小房间里吹起了凉风！你知道最棒的是什么吗？我一直开着台灯，空调一直开着，因为我骗过了恒温器，让它以为温度超过了90华氏度。

很聪明吧？

课堂上充满了类似这种“灵光一现”的时刻。学生兴奋地宣布“我现在明白了！”的时刻，正是老师们为之而活的时刻。正是在这些时刻，我们才真正感觉到自己在改变世界。这也是我们成为教师的初衷——要让自己有所作为。

但我们要明确一点。学生的成绩并不是衡量自己成功与否的标准！学生的阅读水平和标准化考试成绩不再是你们成功定义的一部分。你写了一个新的定义，把你能控制的事情也包括进来了。我们已经知道，即使是最优秀的教师，也会有学生在实现学业目标的道路上挣扎。

尽管如此，我也知道学生的成功和那些灵光一现的时刻是你热爱教学的原因。我问过我团队里的那些老师，他们最喜欢的教学方式是什么，75%的回答都类似于“灵光一现”的时刻。你们喜欢看到学生学习和成长。我并不感到惊讶。这不是成功的定义，但它仍然是让你更加热爱教学的关键因素。课堂上的灵光一现时刻越多，你就会越热爱自己的工作。

有许多简单的方法可以提高学生的学习成绩，而不会增加你的负担。在实际教学过程中，简单是关键。保持简单有助于你的学生更自信、更成功。保持简单也可以节省你的时间，减少你的整体压力。

因此，请你不断地问自己：“我如何使__________更易于实施和管理？”

读完本章，如果你有时间，我希望你只做一件事：

花更多时间教授程序。

即使你在学年过半时读到这本书，花时间教授程序也会带来很大的价值。如果学生不能独立完成任务，你会把时间浪费在提醒学生和维持纪律上。当你知道自己花在教授乘法口诀策略和含义上的时间比大喊“我们不能在教室里跑步！”的时间更多时，你每天回家都会更开心。

用“勇敢坚毅的方式”简化你的教学

1. 专注建立师生关系。
2. 花更多时间教授程序。
3. 简化你的系统。
4. 让差异化教学再次简化。
5. 让小组和中心变得更易于管理。
6. 简化进阶活动。
7. 爱上你最讨厌的科目。
8. 寓教于乐，化繁为简。

第五章

评分的策略与技巧

我只咬过一个口腔保健师，但显然一个就已经够多了。

几年前，我搬到了一个新的城市，不得不重新找一位牙医。这让我非常紧张，因为在那之前我一直找的是我儿时的牙医。朋友给我介绍了一家牙医诊所，我立刻就被吸引住了。这里给我的感觉更像是水疗中心，而不是牙科诊所。他们给我洗牙时，我可以选一部电影看，洗完牙后还可以做手部或颈部按摩。对于一个有4个年幼孩子的母亲来说，这简直是一种奢侈。有那么一小段时间，我真的觉得也许我可以开始享受看牙医的过程了。

然后事情就发生了。我正在看亚当·桑德勒的电影，而口腔保健师正把她的整只手塞进我的嘴里。突然，我觉得自己快吐了，想也没想就抓住了她的手。她有点惊讶，但没有生气。在继续给我洗牙之前，她给我套上了隔热手套。我没跟你们开玩笑——隔热手套！她说它可以防止我不由自主地抓她，因为这样可以让我更清楚地意识到自己的手在动。

隔热手套发挥了作用，因为我没有再抓住她的手……但过了一会儿，当她戳我牙龈时，我咬住了她的手指。我发誓我不是故意的！疼痛让我猝不及防，我咬了一口，狠狠的一口。我连声道歉，但口腔保健师此时却显得非常生气。

长话短说，当天晚些时候，我接到了诊所的电话，说我需要找一家新诊所。再也没有电影和按摩了，再也没有隔热手套了。

咬一口，人家就不欢迎我了。

如果有一份题为“作为人类不得不做的糟心事情”的清单，我会把去看牙医排在最前面（参加葬礼、吃蔬菜和做宫颈抹片检查也会榜上有名）。同样，因为我们是教师，我们也不得不做一些糟糕的事情。我会把破产、每年年末与学生道别、每周批改上百份试卷等几件事情列在清单上。唉，批改作业。这就像去看牙医——你总是不得不去，你知道这是有用处的，但是……唉。

我记得自己在高中英语课上，听老师抱怨她需要做多少批改工作，要花费整个周末的时间。我当时刚交了一篇花了一个月时间才完成的研究论文。我对她的抱怨感到厌恶。我想，“如果你不喜欢批改作业，就别再给我们布置那么多作业了”。哦，又回到了我的青少年时代，那时的答案似乎如此简单。可悲的现实是，作为教师，我们必须布置和批改作业。

即使这不是我们最喜欢的工作，也是必须要做的。

喜欢教学的同时却不喜欢批改作业很正常，讨厌批改作业也很正常。我就是这样。

我喜欢剪贴簿，但我讨厌剪完后要把所有的废纸、记号笔和印章都收起来。

我喜欢当妈妈，但便盆训练绝对是个大坑。

我喜欢去新地方旅行，但我不喜欢坐在狭小的飞机座位上，尤其是当我前面的人决定把他们的座位调成仰躺时。

问题是，任何工作、爱好或任务通常都有缺点。

但由于我们大多数人都想继续享受这些活动，因此我们会想方设法把负面影响降到最低。我想出了一个很好的组织系统，让我的剪贴簿清理工作变得简单一些。我参加了一个关于便盆训练的在线课程，这样我就能更成功一些。旅行时，我会下载一整季我喜欢的节目，让飞机上的时间过得更快。

在批改作业时，我选择了新的策略来减少批改试卷的时间。我不能完全杜绝批改作业这件事，但我肯定不需要每天晚上和周末都抱着一摞试卷批改。你也一样。

就在我坐下来写这章的时候，我正在浏览社交媒体，拖延时间。我碰巧看到了一篇文章，其中介绍了帮助老师们在学校完成批改作业的小窍门。文章中的建议并不差，但可能有点过于简单。最让我感兴趣的是这篇文章的评论。各个年级的教师都发表了几十条评论，几乎每个人都有自己的观点。

“这太不现实了！如果我不把试卷带回家，我怎么能批改得完？”

“我不可能在45分钟的准备时间内批改完！”

“我有50个学生。批改作业要花很多时间！”

在看到这些话之前，我只是想在这几页纸上写满帮助我在极短的时间内完成批改作业的策略，但后来发现，如果你不相信批改作业不必占用你所有的个人时间，那么这些策略显然都无济于事。如果你不相信这是可能的，你的大脑就会对每一个策略提出异议。你会想：“这对我来说是行不通的，因为……”

我能直说吗？我希望你们能向我点个头，因为我要说的是……有时候，我们的大脑是混蛋，它们让我们相信，我们的情况是独一无二的，我们与其他人是如此不同，以至于即使这些策略对其他无数人有效，对我们却永远不会奏效。这就是我们的大脑获胜的方式。我们的大脑也会剥夺我们尝试新事物或解决问题的机会，所以这些策略最后不会对我们发挥作用。现在，不要对你的大脑太生气。它并不是故意要破坏你的努力。事实上，你的大脑是在保护你的安全。尝试新策略是很可怕的，大脑正试图保护你免于潜在的失败。不幸的是，在保护你的过程中，大脑最终伤害了你。你总是一成不变地做事情，而这导致了你总是得到一模一样的结果。就拿我们来说，我们总是把一大堆要批改的试卷带回家，这带来了压力，也减少了我们在周末和晚上做自己想做的事情的时间。

好消息是，你可以轻松地训练你的大脑，让它成为一个问题解决者，而不是一只胆小的猫。每当你听到你的大脑说“这对我没用”时，我希望你拿起一张纸，在上面写下这样的标题：“我怎样才能让这件事对我有用？”试着针对你的大脑提出的这些论点，头脑风暴，想出一些解决方案。

一开始，你可能一无所获。当你告诉大脑是时候写一个故事了，你会像个3年级的学生。你可能会盯着时钟，涂鸦一番，然后想：“我一定要写完整的句子吗？”当你发现自己像个3年级学生时（除了你没有挖鼻孔），你可能需要休息一下。我喜欢去散散步，洗个澡，或者在庭院里放松一下。如果我不断在脑海中重复问这个问题，答案总会出现。

说了这么多，我不能保证我将要分享的每一个策略都会对你有效（毕竟有时管理人员会说“不可能”）。但我可以保证，哪怕只是实施其中的几个想法，也会大大减少你在家批改作业的时间。我的意思是，这值得一试。因为当你不再把所有空闲时间都花在批改作文和数学测验上时，你会不会更容易爱上教学工作呢？当然会！

战略❶
停止给所有学生活动评分

你布置的每一项活动都不需要记入成绩册。说真的，回去重读一下最后一句话。这对我们很多人来说都很难，包括我在内。我们的想法是，如果不给成绩，学生就没有动力完成作业。又或者，你担心不给活动评分意味着你和你的学生浪费了完成活动的时间。

事实上，布置作业让学生有机会练习新技能，这完全没问题，但你不应该给每项作业都评分。在很多情况下，学生还没有准备好接受评分。我就犯过这样的错误。我先给学生上一堂关于复数名词的快速课，然后给他们布置关于这些内容的作业，再给他们评分。我基本上是先测试了他们的理解能力，然后才给他们机会练习。通常情况下，你给学生练习的机会，让他们不必担心失败或得低分，他们反而更能得高分。

“勇敢坚毅的教师”社区的老师们经常问我们，他们每周每科应该评几次分。作为一名真正的教师，我喜欢用另一个问题来回答。你每周需要评几次分？现在不是超额完成任务的时候，如果你所在的学校要求每周两次阅读评分，那就坚持两次，而不是3次或4次。如果你所在的学校没有规定最低阅读评分次数，我有以下建议：

阅读：1次

写作/语法/拼写：2次

数学：1次

科学/社会研究：1次

另一种方法是每周评分总次数不超过3到5次，而不按学科细分。有时，你刚刚开始一个新的科学单元，或者你正在用一周的时间进行写作研究。这时候就没有必要评分了。其他几周里，学生有多次机会展示他们在某一学科中的知识水平。

从中你需要记住的重要教训就是你需要允许自己少批改作业。这将减轻你的工作量和压力，并有可能提高学生的成绩。在每周备课时，重点突出要批改的作业。其余的作业，你可以先快速浏览一下，检查学生是否理解知识点，然后再扔进回收站。

战略2

使用更多非正式评估

在制作答题卡、寻找最好用的笔、为一大堆需要批改的试卷而紧张的过程中，我们往往忘记了评估学生的真正原因。

我们评估学生的真正目的并不是为了获得足够的分数来制作成绩单。

不是为了让学生承担责任。

不是为了向家长证明什么。

我们评估学生，是为了检查他们是否理解。如果他们理解了，我们就可以继续往后讲。如果他们不理解，我们将重新教这一部分。

好消息是，检查学生是否理解并不总是需要小测验、测试或作业单。你可以使用简单的非正式评估来轻松检查学生的理解程度。这些评估可能不会以字母等级的形式出现在成绩单上，但它们确实可以提供关键信息，供你在规划未来课程时使用。

以下是一些非正式评估的建议：

- 布置课堂末尾小测试。
- 要求学生在白板上写答案并展示。
- 在小组活动中倾听学生或观察学生的作业。
- 玩游戏。
- 在学生写作业时抽查作业。

这些非正式评估让你有机会在布置更正式、评分更细化的作业之前检查学生的理解程度。这样你就会知道在你花费大量时间对学生在评估中的表现评分，却得到失望的结果之前，学生是否需要更多的支持。

教师分享他们最喜欢的非正式评估

在教学过程中，我会定期让孩子们伸出四指、三指、两指或一指。四指表示我懂了，可以帮助教同学；三指表示我可以自己做；两指表示我还需要帮助；一指表示：老师，我听不懂。

——贾斯汀·B.

我喜欢让孩子们在桌上用擦写笔做数学题。我可以轻松地走来走去，看看谁做对了，谁做错了。我还可以轻松地给出另一道题或进一步解释。

——克里斯蒂娜·P.

在独自完成学习任务时间，我会首先看看那些认为自己需要帮助的学生，以便看到学生之间的差距，并迅速处理。当我指导完这部分学生时，其他学生的任务已经完成得足够多了，我可以迅速检查他们的学习情况，必要时，我会进行第二次教学。

——史黛西·F.

战略③
不批改（或布置）家庭作业

我批改作业的时间最长。我每周都会把一包数学作业本带回家，然后利用周末时间批改每一道题。我觉得自己有义务这样做。我认为只有这样，我才能知道学生是否理解了某项技能（现在想想，这有点可笑）。我还认为，家长们会希望我给作业评分。如果我不给家庭作业评分，又怎么能说服孩子们真正完成作业呢？再说了，家庭作业不就是为了教孩子学会承担责任吗？我真希望早年能有更明智的人给我一次现实的检验，这样我就不会因为压力和批改作业的时间而流泪了。

在讨论批改作业之前，我们有必要先讨论一下布置作业这一行为本身。

我要提醒大家，我对这个话题充满热情，我知道我的立场是有争议的。我坚信，我们必须停止给学生布置家庭作业。是的，我说了。没有家庭作业——不仅仅是周末，而是每天。

停止布置家庭作业的原因

实际上，在美国的教师、家长和心理健康专家之间，正在掀起一场减少甚至取消家庭作业的宏大运动。《今日美国》刊登的一篇文章中提到，多位专家一致认为，学生的繁重作业有可能弊大于利。心理健康顾问艾米·康分享说："一半以上的学生表示，家庭作业是他们的主要压力来源"，花费大量时间完成家庭作业让他们筋疲力尽。同样，一家专业的在线心理健康平台的持证临床社会工作者兼治疗师辛西娅·卡钦斯也报告说，被布置大量家庭作业的学生可能会产生焦虑和抑郁等问题。心理学家古拉斯·卡达拉斯博士建议，学校作业根本就不应该带回家。他说，研究表明，"家庭作业对小学生的益处确实有限"。

虽然有很多研究支持卡达拉斯博士关于不给低年级孩子布置家庭作业的结论，但仍然有一种相当根深蒂固的观念认为高年级学生需要家庭作业。这种观点认为，如果孩子们没有养成独立完成学业的习惯——无论是阅读还是做数学题——他们就无法在大学里茁壮成长。但美国国家教育协会（NEA）最近的一篇文章指出，威斯康星州的一位教师正在证明这些观念是错误的。

2006年开始教数学时，斯科特·安德森几乎每天都要给学生布置30道数学题。当考试成绩出来后，他意识到学生们并没有学好。更糟糕的是，他发现在家能获得帮助和上网的学生与不能获得帮助和上网的学生之间存在差距。鉴于家庭作业占学生成绩的25%，学生之间的不平等会在他们的成绩单上有所体现，而这有可能决定大学是否录取他们。安德森对家庭作业进行了研究，并决定减少每晚的家庭作业量。

安德森在课堂上做出了3项重要改变。首先，他将家庭作业中的数学题从30道减少到12道。其次，他决定只用10分钟讲课，其余时间与学生一起讨论数学题。最后，他改变了成绩的计算方式。安德森将家庭作业计入学生成绩的比例大幅降低到1%，并加大了测验和测试的比重，学生可以重考，直到掌握教材内容为止。

起初，家长们怨声载道，因为他班上得A的学生减少了五分之一。但后来发生了一件了不起的事。安德森所在学校的学生从只有30%的学生准备好了大学数学课程，变成了将近100%的学生准备好了大学数学课程。“我们在高中的工作就是保证学生掌握这些技能。这是我的任务，在我看来，这与大学教授的任务不同。”安德森说，“我坚信，我的学生现在的数学成绩比10年前要好得多。”

家庭作业并不公平

现实情况是，并非每个人都能获得同样的工具、帮助和时间来完成课外作业。有些学生拥有电脑和高速互联网服务。他们的书架上摆满了自己喜欢的图书。有些学生的家长坐在桌边，协助他们完成所有家庭作业。他们每天都会检查所有作业，并考查孩子的单词拼写。你班上的学生并非个个都有如此条件。

有些学生的父母是双职工，也许他们在放学后帮忙照顾兄弟姐妹。有些学生根本无法上网，或者他们的网速很慢，只有一台设备与全家人共用。有些学生可能在家里无法阅读自己喜欢的图书。我相信你也有些学生的父母没有时间坐下来辅导他们完成每门功课，也许他们打两份工，也许他们是单亲家庭，要兼顾工作和多个孩子。无论如何，班上的每个学生都无法平等地获

得完成家庭作业所需的支持和工具。

当你布置家庭作业并进行评分时，你评估的往往是家长的支持，而不是学生的知识水平。

家庭作业无助于孩子的学业成长

通常情况下，我们在讲完一堂课后，会根据刚刚讲过的内容给学生布置一份作业。我们布置的家庭作业是基于一种全新的技能，而不是我们在小组和中心学习中已经掌握的技能。因此，学习成绩好（已经掌握）的学生作业完成得很好，而学习成绩差（还没掌握）的学生则很吃力。这不是成长。

当学生获得不同的支持并参与到能提高他们对学习的热爱的课程中时，他们就会成长，而不是通过完成作业来成长。

如果没有你在课堂上提供的支持、锚图、教具和其他工具，大多数学生的表现可能会处于较低水平。这会导致学生产生挫败感，甚至养成日后难以改掉的坏习惯。

家庭作业培养了过度劳累的习惯

我希望能帮助你们改掉工作一整天然后带回家更多工作的习惯。不幸的是，这种习惯在孩子五六岁时就养成了。到了幼儿园或小学一年级，孩子们上学的时间大约为8个小时，然后把更多的作业带回家。在经历了一天令人疲惫的学习之后，孩子们还不得自由。他们还有更多的作业要做。我们实际上是在教育他们，每天学习8小时不够。这对他们成年后的工作是不利的。这就是我们为什么会培养出疲惫不堪、缺乏自我照顾能力的成年人的原因。

相反，孩子们应该能够在放学回家后骑自行车、玩棋盘游戏和尝试新的爱好。他们需要时间学习乐器或运动。更重要的是，他们需要时间休息，需要时间与家人和朋友在一起。

下课铃一响，当天的工作就结束了。

还有其他培养责任感的方法

孩子们通过帮助打理教室、借阅图书馆图书、学习如何正确使用操场设备、整理书桌和文件夹来培养责任感。在家里，他们也通过帮助照顾兄弟姐妹和宠物、做家务和赚取零花钱来培养责任感。所有这些责任课的最大优点是它们都能真正应用于现实世界。孩子们正在学习成年后需要的实用技能。家庭作业并不是培养责任感的唯一方法。

如果可以的话，不要给学生布置家庭作业。这将是多么大的自由！你将节省大量准备和批改作业的时间。这可能会让一些家长感到惊讶，但只要你解释一下，他们就会接受。如果他们真的想要家庭作业，你可以建议他们花更多的时间和孩子一起阅读，或许还可以让他们家人之间互相写信。这些都是练习他们在学校所学知识的健康方式，而且省去了你每晚批改作业的压力。我知道你们还有其他顾虑。有时你会束手无策，因为学校要求老师布置家庭作业。我也经历过这种情况。如果你不得不布置家庭作业，请遵守以下几点：

- 尽量少布置家庭作业。每晚10分钟的家庭作业就足够了！
- 布置家庭作业要真正复习你在课堂上教授的技能。让学生有时间练习和掌握这些技能，然后再把作业布置给他们。这将帮助更多的学生在家里利用现有的工具和支持取得成功。
- 不要批改作业。你可以选择一个问题，快速浏览，了解学生在该问题上的表现。这有助于为今后的全班或小组课程提供参考。你可以给完成情况评分。无论如何，不要花几个小时批改每一道题。毕竟，你不知道这些问题是学生还是家长完成的。

战略④
不要给太多的中心活动评分

我曾经为学生一周内完成的每一个学习中心活动评分。阅读和数学都是如此。这太疯狂了，但我认为这是唯一能让我的学生负起责任的方法。如果我不给每项作业评分，他们为什么还要去完成作业呢？随着时间的推移，我知道了答案。我的小学生很少为了得到某个分数而完成作业。说实话，对于我的大多数学生来说，成绩并不是最大的动力。当他们理解了作业的要求，并对测试的技能充满信心时，他们就会完成作业。基本上，我的大多数学生只要觉得自己能成功，就会完成中心活动的作业。我们总是更愿意做自己擅长的事情。当我意识到这一点后，我开始在每个中心活动中加入更多的复习作业，不再给每个中心活动进行评分。

我并不是说你根本不应该给中心活动评分。对某些中心活动进行评分是达到那些棘手的最低分数要求的好方法。中心活动也是让学生展示他们所学知识的好方法，特别是如果中心活动复习的是他们花了很多时间才掌握的技能。我在中心活动中进行了4次不同的轮换。（如你所知，我们每天只进行两次轮换。你可以在第四章中了解到更多相关信息。）我只给这4次轮换中的某一次活动评分，而且这还不是每周一次。

在阅读方面，我对阅读应答活动进行了评分。不过，由于这是一篇短文写作，评分可能需要更多时间。因此，我会在一周内给全班一半学生的作文评分，下周再给另一半学生的作文评分。（不，我的学生对此并不知情，这并没有降低他们的积极性。）全体学生每隔一周都会在这个中心活动上得到一次评分。这样，我在这个中心活动上的评分时间就减少了一半。

在数学学习中心，我给个人动手中心活动评分，其中有10个活动，我的学生在一个月内完成这些活动。因此，我每月只需给他们评分一次。

另一种方法是让学生为自己的中心活动评分。你可以给他们答案，并示范如何评分。开始时，全班一起练习这个步骤。然后你逐渐放手，让学生检查自己的作业。他们的评分会有错误吗？当然会。但这是致命错误吗？你是否愿意接受一些错误，但是可以减少每周的日程表中的工作呢？如果愿意，那就值得一试！毕竟，最好的结果是什么呢？

寻找机会减少中心活动的评分是节省时间的好方法。这里有一些简单的方法：

- 减少中心活动的评分次数。
- 不要觉得有义务每周都给中心活动评分。
- 教会学生自我评分。
- 在小组活动中抽查中心活动，确保学生按计划进行。

战略⑤
布置更容易评分的作业

如果我们必须批改作业，而且我们也准备批改作业，那么我们至少可以为自己做的就是让作业易于批改。以下是我简化和加快批改作业速度的几种方法。

寻找多选题

在这一点上，学校管理者不一定同意我的观点，但你们可能已经注意到，我喜欢突破界限。没有理由每次都留简答题或作文。当然，高阶思维评估有其适用的时间和场合，但不一定非要成为常态。多选题或判断题也完全没有问题，这种题型容易出，也能更快评分。同时，它们也是检查理解程度的一种简单方法。尽可能寻找这类可以快速评估的题型。

不要忘记自我评分

疫情期间的远程教学有点像在驾驶一架着火的飞机，而且你还没有飞行执照。真是一团糟。但是，在这个相当糟糕的时期，有一件好事，那就是教师和学生对使用技术有了更多的认识和信心。学校甚至开始在电脑上投入更多资金。现在有很多神奇的应用程序和软件，可以让你轻松地布置测验并让程序为你评分。没有什么比登录上应用程序，就能看到成绩已经统计出来更令人满意的了。别忘了这些神奇的工具。

战略❻
加快对书面作答的评分

我最喜欢选择题评估，但我也理解书面回答、报告和论文的价值及评分的必要性。这些类型的评估能显示更深层次的思考，也是我们标准的一部分。它们不会是我评分系统的主要部分，但会不时出现在成绩单上。这种类型的评分肯定需要更长的时间，但有一些方法可以节省一些时间。

使用简单的量规

有了简单的量规，给书面回答评分就容易多了，而且还能保持一致。量规还能帮助学生和家长了解写作作业的目标要求。这个方法的关键是要确保量规超级简单。如果字数太多或容易混淆，只会拖慢你的进度。我还喜欢让学生在纸上完成作文，并在下面附上一小段量规。这样，你就不必浪费时间把量规装订在论说文上了。

不要标记学生的错误

作为一名作家，没有什么比用红墨水为你圈出每一个拼写和语法错误更让人气馁的了。我知道。当我为教师创建资源时，我希望它们尽可能达到最高质量。在我创建一个资源后，会有一两个队友帮我编辑。一旦我觉得不错，为了保险起见，我就会把它交给专业编辑。每次她寄回来的时候，几乎每个字下面都有红线。我总是对自己会犯这么多错误感到震惊。如果你看到那些红线，你会以为我是闭着眼睛打的字，或者是我让我3岁的孩子创建了这个资源。也许我的大学法语教授是对的，我根本不懂英语。

这太令人沮丧了，学生们的感觉更糟。他们为写作付出了那么多努力。这是他们的杰作，他们认为你会对他们刮目相看。当你批改出每一个错误时，他们就会泄气，这会降低他们的信心和对写作的热爱。

他们会因为你指出的每一个错误而成为更好的作家吗？绝对不会！他们不可能学会如何正确拼写你圈出的每一个单词，他们不会因为一个个红圈就学会遵守每一条语法规则。所有这些技巧都需要大量的时间和练习。事实上，你只是在完善那篇文章，而不是在帮助写作者成长。更好的做法是选择一两个他们经常使用或有可能在其他写作样本中使用的单词，只教他们如何拼写这些单词，其他错误不做标记。你可以在量规上给拼写扣分，而不必圈出每个拼写错误的单词。

标记每一个错误也需要花费大量时间。放弃这种做法后，你就能在极短的时间内批改书面答卷。听起来是不是很神奇？

不要写评语

我们喜欢在评分时写下评语。

“很棒的线索！我上瘾了！”

“我也喜欢在集市上吃棉花糖！”

“我希望你能扩写这一段，分享更多关于海豚吃什么的细节。”

我们只是想帮助学生。老实说，我觉得我们是想证明我们在量规上给出的分数是合理的。但是，写下一条又一条的评语只会增加纸上的墨水。你的很多评语都不会被阅读（事实上，我发现我的学生根本看不懂我写的字！）。更重要的是，写评语的做法确实会拖慢评分速度，这很浪费时间。让量规成为你与学生的交流工具。教他们如何读懂量规。如果他们的作业获得了满分，他们就会知道你喜欢他们的作业，而不需要你写评语。你还可以在课间休息时和他们谈谈你们对棉花糖的共同爱好。这对建立与学生的关系大有裨益！

战略⑦
向家长寻求帮助

我喜欢请家长志愿者帮忙做简单的评分工作！我经常请几位学生的父母或祖父母每周来做几个小时的志愿者。他们可以很轻松地批改拼写测试、数学事实测试和其他多项选择评估。根据志愿者的情况，我通常会给他们答案，让他们批改数学中心活动的小册子。如果需要布置家庭作业，家长志愿者还可以检查作业完成情况。我会让他们将分数记录在电子表格上，这样我就可以很方便地查看分数并将其添加到成绩册中。

我知道学校现在都不允许家长做志愿者。即使你所在的学校允许家长志愿者参与，也可能不允许他们给学生评分。（在我的学校，志愿者们必须签署一份保密协议，声明他们不能在课堂之外分享任何成绩。）所以答应我，在你提出要求之前，不要轻易放弃！不要以为你们的行政人员会拒绝。不要以为你的班级的家长不想帮忙。结果可能会让你大吃一惊，所以这值得一试。

战略❽
不要一边看电视一边批改作业

我可能会因此失去一些朋友，但要知道，我这么说是因为我希望你们过得好。我希望你们有策略地来实现自己对成功的定义，而对你们中的大多数人来说，这意味着减少工作量。

通常情况下，“勇敢坚毅的教师”社区的老师们会讨论他们是多么喜欢在电视机前批改作业，这样会让他们觉得时间过得更快。我完全同意。当我窝在沙发上狂看一部电视剧时，时间过得飞快。

我也知道这是真的：我坐在最喜欢的电视节目前批改作业。几个小时后，我才惊觉时间已经很晚了，而这个夜晚都快结束了。我很喜欢看我的节目，但我低头一看，发现我几乎没有碰过我计划批改的那堆试卷。

看电视很有趣。

看电视让时间过得更快。

但看电视会扼杀你的工作效率。与其这样，不如花点时间完成批改工作，然后毫无负罪感地欣赏节目！

你最疯狂的一次批改作业的经历

我调查了我们的“勇敢坚毅的教师”社区，得到了一些惊人的答案。如果你也有过这样的经历，那么你并不孤单。

我在一个社交场所批改作业。我们在我丈夫的圣诞派对前消磨时间，看篮球比赛。我坐在吧台前，拿着记号笔和一叠要批改的试卷。

——亚历克萨·K.

坐在产科医生的办公室里等待检查结果时，我不能离开，所以我带了我的公文包，里面有我所有漂亮的笔和成绩册。三个人来来去去……观察我并问说：“你是老师，对吧？”

——莎伦

我丈夫和他最好的朋友去酿酒厂庆祝生日。他酒后不能开车，所以在我休息的那天，我坐在酿酒厂里批改作业。

——克里斯蒂娜

在单身派对上！

——安德里亚

在教堂里，我虔诚地祈祷。我是唯一一个坐在回廊上的人，我总是带着笔记本电脑、要批改的作业和五颜六色的笔，还能听完布道，在恰当的时候喊“阿门，牧师！”。我的教堂从11点开始做礼拜，直到1点半才结束。我确保自己机智地利用了这段时间。

——凯·雷尼

在佛罗里达州埃奇沃特的一艘沿印第安河行驶的小船上！

——玛丽莲·玛丽

战略⑨ 在日程本上标出评分工作安排

我在这里重申一遍。毕竟，我是一名老师，重申自己的观点是我们的许多才能之一。我们已经花了整整一章的内容讨论如何使用日程本来计划你的非教学时间，所以要完整地完成这一章内容，我就必须提醒你在日程本上标注评分工作安排的重要性，所以接下来的内容相当于你的复习。

评分工作如果不标注在日程本上，就不能完成。

确保完成某件事的唯一方法是预留并优先安排时间来完成。当你计划你的一周时（查看第二章获得更多关于这方面的内容），确保你决定了你将用于评分的确切时间。这不仅仅是一个待办事项清单，而是一个实际的时间安排，就像是为评分预留的专门时间段一样。有些人喜欢每天在日程本上留出一点评分的时间。其他人喜欢每周抽出一两天时间来评分。你可能需要试验来决定哪种方法最适合你。

一旦你在日程本上标出了完成每周评分的时间，我希望你能更进一步，准确地决定你在这段时间内要完成哪部分评分。这不同于你应该评分或将要评分的材料的列表。我希望你能非常具体和现实地决定你在评分期间到底要完成什么。也许你只有时间给5篇议论文或10份第六单元的数学测验评分。不管是什么，在你的日程本上标清楚。到了评分的时候，你会有一个非常清晰的实施计划。在你预定的时间结束时，你不会为你没有评分的那堆卷子感到内疚。相反，你会对完成计划好的评分工作有成就感。

战略⑩
让评分工作尽可能有趣

如果处理得当，评分就像在沙滩上喝果汁饮料一样有趣，后街男孩会为你唱你最喜欢的90年代歌曲。

超赞！

评分一点也不好玩，我不想对你撒谎，也不想对你顾左右而言他。尽管评分可能不是你最喜欢的工作，但有些事情可以让它不那么痛苦。让评分变得不那么烦琐的最好方法是花更少的时间来评分。这是本章的重点，我希望你能找到两三个策略来减少你的评分时间。

如果你正在寻找更多的方法来增加一点乐趣，试试下面这些方法：

明智地选择要用的笔

去你当地的办公用品店买一些你喜欢的笔（我更喜欢有香味的中性笔，闻起来棒极了！）。用你最喜欢的笔评分可以让工作变得稍微愉快一点。

别忘了补充能量

你是否坐了很长时间来评分？用你最喜欢的小吃和饮料犒劳一下自己，让工作变得更有趣。你需要额外的能量，对吗？

给自己发奖励

好吧，也许你不想在你的学生奖励箱里寻找难闻的贴纸或夜光戒指。相反，当评分完成时，你可以选择一个简单的奖励，作为礼物送给自己。你可以点个外卖，或者出门花半小时遛狗。朝着奖励努力会让一切变得更有趣。

现在你已经有了这10个策略，你会致力于花更少的时间来评分吗？我不想夸大其词，但是我真的相信这些策略对我的婚姻和家庭生活产生了巨大的影响。

我教书的时候，老公在儿科医院工作。他上夜班，这意味着他晚上7点开始工作，早上7点下班。由于上夜班，加上我们有4个孩子，他的生物钟非常不稳定。

几乎每周五，我都会给他发一条类似这样的短信："你愿意小睡一会儿，然后来我的教室帮忙评分吗？我有太多的作文要批改，压力很大。哦！请带一杯可乐来！"

他几乎总是会来。他会批改作业包和拼写测验，在我的志愿者桌旁几乎睡着。有时我不得不推醒他。我很惭愧地承认，我把批改作业看得比我丈夫的健康和睡眠需求更重要。他很爱我，所以一直说"好的"，我也很爱他，所以我对他说"以后不这样了"。

读完本章，如果你有时间，我希望你只做一件事：

别再给家庭作业评分。

家庭作业是不公平的，不能教给孩子们责任感，而且还会变相鼓励孩子成年后过度工作。如果可能的话，我完全赞同你不再布置家庭作业！

用“勇敢坚毅的方式”评分

1. 停止给所有学生活动评分。
2. 使用更多非正式评估。
3. 不批改（或布置）家庭作业。
4. 不要给太多的中心活动评分。
5. 使你的评估更容易评分。
6. 加快对书面作答的评分。
7. 不要一边看电视一边批改作业。
8. 在日历上标出评分工作安排。

可选：

寻求帮助。

让评分工作变得有趣。

第六章

专注你自己的赛道

我记得当我生下第一个孩子时，我非常震惊，护士和医生竟然让我把他从医院带回家。我是不是应该参加一个测试来证明我有能力养活一个小小的婴儿？如果有人发现我从来没有换过尿布或者给婴儿拍过嗝怎么办？

我教书的第一天也有同样的感觉。那天是我第一次和25个3年级学生单独待在一个房间里。我吓呆了。这里不是应该有人来确保我不会搞砸吗？我到底该对他们说什么？他们能发觉我的恐惧吗？

我意识到我需要学习更多的东西来成为一名高效的老师。幸运的是，对门还有一个3年级老师。

雪莉教我如何成为一名老师（因为说实话，大学的课程并没有让我为课堂做好准备）。我每天早上很早就到学校，不请自来，钻进雪莉的教室。当她在为一天做准备时，我会问她所有的问题。有些问题超级愚蠢，而有些问题都站不住脚。

我在哪里能拿到复印纸？

有没有用一个星期都不会坏的削笔刀？

如果我的学生一个字都不认识，我该怎么办？

你一天怎么能干这么多事？

我的裙子短不短？

我在没有任何经验的情况下教3年级是个错误吗？

雪莉对我非常耐心、慷慨。她不仅回答了我所有的问题（甚至是非常私人的问题），还分享了资源，甚至让她的一些家长志愿者帮助我上课。她总是微笑着告诉我，我做得很好。

一个周五的早上，上学前我在雪莉的教室里，她正在把乐谱放在学生的桌子上。“等等，你还教音乐？！”她解释说，她喜欢在周五上音乐欣赏课。我很迷茫。我只能勉强教阅读、写作和数学。雪莉不仅教这些课，还教音乐欣赏课！这怎么可能呢？那天晚些时候，我坐在校长办公室里，泣不成声（我的意思是——如果你没有坐在校长办公室里哭过，你还算是老师吗？）。

我试图告诉我的校长，作为一名老师，我有多糟糕，我完全做不到像雪莉那样。校长看着我的眼睛说："别再试图把自己变成雪莉了，没有人能像她一样。"我完全没听懂。为什么我不能像雪莉一样？她似乎是个完美的老师。学生、家长和同事似乎都很喜欢她。那正是我想要的。

我希望我能告诉你，那天我听从了我这位睿智的校长的话。

但当时我不明白。当时，我以为校长是让我不要和雪莉比。但这只是她的建议的一部分。实际上，她想让我做的是，放弃努力成为雪莉那样的人，而是专注于找到做我自己的最佳方式，成为西尔斯老师。

最终，我确实学会了如何成为一名高效的老师。我知道了哪些方法对我有效，哪些方法对我无效。这些策略有很多都在这本书里，有些可能对你有效，有些可能对你无效。作为老师，我认为我们也在被评分。

社交媒体让我们很容易将自己与其他教师进行比较。我们浏览社交媒体，会看到装饰完美、井然有序的教室。我们会刷到一些精心策划的课堂活动，这些活动花费不菲，需要花费一个月的时间来策划。

那些社交媒体上的完美教师显然都能拿到全A，而我们……好吧，也许我们会想办法在美好的一天拿到B。难怪老师们会觉得自己失败了。我知道我就是这样。在我任教的第一年，我几乎以为自己会得到一个大大的"F"。

现在回想起来，部分原因是，尽管我从校长那里得到了非常好的建议，但我还是继续观察雪莉的一举一动（幸运的是，我没有上音乐欣赏课）。我每天都在拿自己的教学和课堂与雪莉的进行比较，简直要了我的命。

在我发现社交媒体之后……我的比较习惯更加严重了。

全美各地的老师都在分享他们的奇思妙想。从教室装饰到节日派对，再到精心制作的锚图，我有了成千上万的新教师导师。这就像我的手机上有成千上万的雪莉一样。我继续模仿从雪莉那里学到的一切，每看到一个新的帖子，我就会添加收藏夹里。我觉得外面的每一位老师都比我更有创造力、更有创意、更有效率。要跟上这些优秀教师的脚步让我感到疲惫和挫败。我就是不能去比较。我们很容易认为，其他人在课堂上所做的一切都非常有效，而且完美无瑕……而实际上，每一位教师每天都在学习什么有效，什么无效。因此，最好的办法是盯着自己的试卷，想办法描绘自己的进步曲线，而不是追求别人的满分。

如果你曾发现自己在学校里追赶其他老师，或者无法实施“完美”老师在网上分享的策略，那么本章就是为你准备的。

优秀的教师不会追求“完美”

当我的孩子们还小的时候，我是一个狂热的剪贴簿爱好者。我丈夫的衣柜架子上摆满了我为孩子们制作的几十本满满当当的相册（它们不能放在我的衣柜里，因为那里摆满了我收藏的鞋子）。我甚至还参加过剪贴簿俱乐部和聚会。那时每年的重头戏就是剪贴簿大会。数百家供应商销售最新、最好的剪贴簿纸张、工具和装饰品。我买了太多东西，但我玩得很开心，这并不重要。

尽管我喜欢收集所有漂亮的东西，但我知道剪贴簿的意义在于故事，而不是贴纸。这些剪贴簿讲述了孩子们的童年故事。在这些剪贴簿中，我分享了他们的出生经历、他们说的第一句话、他们作为2年级学生的重要日子，以及他们一路上说的有趣的事情。这些故事是通过图片和我在每一页上精心添加的日记讲述的，而不是我在故事中添加的点缀装饰品。我在剪贴簿大会上买的东西让页面变得可爱，但它们并不是必需的。故事是剪贴簿页面中唯一必需的元素。故事在剪贴簿中起着主导作用。其他的东西都是多余的。

同样，在戏剧世界里，演员扮演的是主角。大部分练习时间都花在对台词、挖掘角色的个性特征和编排动作上，布景和道具要到最后才添加。实际上，没有布景和道具也可以演出。这些都是额外的，没有布景和道具的演出可能在视觉上不那么吸引人，但仍然有可能举办演出，但没有演员的演出是不可能的。

在课堂上，学生是主角。你与课堂上的学生之间的关系才是最重要的。你在社交媒体上或对面教室里看到的一般都是花哨的、多余的东西。课堂和教学的这些方面并不是必不可少的，因此不应该是你首先添加的东西。

在创建了以学生为中心的课堂之后，你就可以开始考虑课堂主题、教室改造、晨会、热情项目或社交媒体上当前流行的任何活动。这些活动可以为你的课堂增色不少，就像贴纸为剪贴簿增色，道具为戏剧表演增色一样。在所有这些情况下，尤其是在教学中，一点点活动就能起到很大的作用。但是，请把重点放在主角上，然后再添加其他的内容。

杰瑞琳是“勇敢坚毅的教师”社区的一名教师，她是这样说的：“要花上几年时间才能意识到，你永远不会知道得足够多，做得足够多，或成为足够完美的人。”在她任教的第二年，她意识到，试图成为“完美教师”会让你极度不快乐。在她的学校里，有一位老师的学生的成绩超过了其他所有班级。这位老师几乎就住在学校里，每次学区有什么新项目，她总是跃跃欲试。结果就是这位老师总是压力重重，脾气暴躁。无论她的课堂效果如何，杰瑞琳都不想成为她。

这个教训很简单：教师只需热爱学习，热爱孩子，热爱自己的生活。这才是真正优秀的教师的标志。

以下是我最喜欢的两个策略，让你专注于课堂上发生的事情。(这里我以戏剧名词做比喻。看，妈妈，我就说那些大学学的东西会派上用场的！)

不要用你的台后对比他人的台前

我上高中时曾连续4年参加芭蕾舞剧《胡桃夹子》的演出。别以为我是个天才舞者。有一次，编舞从我身边走过，说:“哇，你的手臂真难看。”我不像剧组的其他成员一样，从小就上了很多年的舞蹈课。我甚至不喜欢跳舞。我只是喜欢站在舞台上。我的练习非常辛苦。大多数晚上，我都得熬夜多演几遍我的角色……

除此之外，我还得安排额外的私人排练。我的肌肉很疼，也收到了一些难听的批评，有时还会流泪。但到了演出的时候，我已经能够毫无差错地表演舞蹈了。我和其他演员很合拍。观众们看到的是精雕细琢。那天晚上，他们看到的是台前。他们从未见过我在台后为《胡桃夹子》的8个辉煌时刻做准备时的痛苦和泪水。

当我们在现实中或网上看到那些了不起的教师时，我们看到的只是他们的舞台。我们看到的是经过打磨的版本，而不是初次尝试。我们看到的是经过编辑的照片，而不是镜头背后的一团糟。我们很少能看到台后的工作、挫折和怀疑。因为我们看不到，所以我们开始假设舞台就是故事的全部。

让我明确一点:每个人都有台后，即使是社交媒体上最受欢迎、最光鲜亮丽的老师也不例外。你可能会看到你的指导老师上了一堂最吸引人的课。但你看不到的是，她在周末花了几个小时准备材料。你可能会在社交媒体上看到最漂亮的教室。你看不到的是信用卡账单和超支带来的压力。你可能会在社交媒体上看到最有创意的阅览室改造。但你看不到的是，同一位老师每天在教数学时的疑惑和不自信。我看到雪莉在教乐理。我没有看到的是她熬夜到凌晨发送电子邮件、整理教案，即使雪莉也有台后。我们每个人的台后看起来都不一样，但我们都有一个。

> 我是第一年教书。我有一个很棒的团队，他们会帮助我解决任何问题。了解他们并看到他们所做的一些事情确实让我觉得我应该做得比现在更多。
>
> 但我告诉自己，我是一名初次任教的老师，而他们都是资深教师。明年会更好，因为我知道这一年是怎么过的。明年，我知道该期待什么，我可以做得更多一些。有时候，我确实觉得我没有影响到孩子们，我应该做得更多。但当我和孩子们交谈，看到他们的进步时，我发觉他们做得很好。
>
> ——杰西卡·J.

不要拿你的第一幕对比他人的第二幕

几乎每天我都会收到老师的电子邮件，询问我如何在网上为教师提供资源包获得额外收入。他们大多不想知道真相，他们只想让我告诉他们一些超级惊人的秘诀，让他们马上就能赚大钱。他们想直接跳过过程，获得经济上的成功。事实是，你需要花费数年时间创建内容，为教师受众提供服务，同时反复打磨你的资源，直到这些资源足以满足其他教师的需求。

我花了10年时间才把事业做到现在这个地步。如果有一位好导师，我相信有人能比我更快地达到这个目标，但这不会一蹴而就。你不能拿你的新店和我的老店相比。

我和雪莉就是这样。她已经教了几十年的书。然后，作为新人的我走了进来，并认为我可以像她一样教书，而不需要付出她所付出的时间。我说服自己，我可以跳过所有的课程、辛苦的工作，甚至是眼泪。

有一个像我崇拜的雪莉那样让你崇拜的老师也不错。事实上，如果你还没有找到，我强烈建议你找到一位可以向其学习的导师。问题在于我们认为我们今天就需要变成我们的导师那样，而不是经过时间的发展，并最终实施他们的一些策略。给自己一点时间。不要试图跳过第一幕和第二幕之间的所有场景。

好吧，如果我们在隔壁教室里看到的不是有效教学，那么什么才是有效教学呢？当我和雪莉一起在学校教书时，我真的很挣扎。即使我听了校长的话，不再试图模仿雪莉，我还是会采用全班统一教学的方式。正如你们大多数人可能已经知道的那样，这种教学方法几乎不可能做到因材施教。我还会努力让学生们参与到课程中来，基本上整天都在自言自语。而且，我仍然会试图让每一天、每一堂课都与众不同，而不是创造出学生可以依赖的常规教学方法。

我想说的是，即使没有雪莉，我仍然会是一个惶恐不安、上课效率低下的老师。我必须做些不同的事情！我想第一年当老师的我知道这一点，并试图通过观察雪莉找到答案。

要想在课堂上更有效率，而又不做得太多或过于依赖网络，可能很难。但是，这里有两个我尝试过的有效策略，不需要任何应用程序。

一次尝试一种新事物

我们中的许多人都在努力寻找新的、简单而有效的策略，改进我们日复一日的课堂教学。显然，我不能复刻雪莉做的每一件事——我想尝试在网上看到的所有新东西，结果弄得自己焦头烂额。但问题并不在于雪莉几乎每天提供的新想法或灵感。

相反，问题在于我如何选择能够启发我的东西。有时候，我们需要尝试一些新的东西，才能找到好东西。但这可能很难。例如，我并不以此为荣，但我的饮食习惯仍然像个2岁的孩子。这是个令人尴尬的坦白，但我最喜欢的食物是卡夫奶酪通心粉、炸鸡柳和麦当劳吉士汉堡。

我不吃蔬菜。你就是把蔬菜藏在奶酪通心粉里也骗不了我。

2019年，我有幸站在我导师的台上发言。艾米·波特菲尔德是对我启发最大的老师。她帮助我创建了一个在线课程，让全美各地的教育工作者更轻松地教授写作。当她邀请我和她一起站在台上，面对一千多人的时候，我感到非常激动。

演讲前，她邀请我和她共进午餐。我很兴奋，但也非常紧张。我不想让我的偶像发现我吃东西像个蹒跚学步的孩子。当我走到午餐桌前时，我最担心的事情都发生了。我的位置上摆着一份沙拉。我想告诉你沙拉上都有什么蔬菜，但说实话，我一点头绪都没有。盘子里的所有东西对我来说都是陌生的，看起来就像兔子的食物。但最大的问题还不是沙拉，当主菜端上来时，我的心一下子跌到谷底——主菜是堆在更大把蔬菜上的烤三文鱼。

我从来不吃鱼。在那之前，我吃过和鱼有关的东西就是金鱼饼干。但我真的不想在艾米面前像个傻瓜一样。于是，我表现得像个成年的女人，把那块三文鱼吃了。虽然不是全吃，但也吃得没人注意到。在餐桌下，我给丈夫发了一条短信："哦，我的天哪，我在吃鱼。"

我知道我说过，有时我们需要尝试一些新的东西来发现一些好东西，这还是我在前文才说过的话。但我想说清楚的是，我并没有自此之后开始每晚做鱼吃。事实上，我真的不喜欢吃鱼，从那天起，我再也没吃过一口鱼。也许我并没有发现自己对海鲜隐藏的热爱，但我为自己尝试过海鲜而感到自豪。我向自己证明，我是那种可以尝试新事物的人。

尝试新事物是一件非常可怕的事情。

但是，尝试新事物也是重新爱上教学的关键。

“可是，杰米，谁有时间去尝试新事物呢？我以为你希望我们减少工作量，而不是增多。”

让我来解释一下。

当我还是一名新教师，和雪莉一起在那所学校工作时，一切对我来说都很新鲜。我第一次管理阅读小组，我第一次引入课堂管理系统，我第一次举办教室派对和庆祝活动。我有太多的想法，大多数时候我都无法抑制自己的兴奋情绪（不上音乐欣赏课可能是例外之一）。我终于做了我大学四年光说不练的事。

但我遇到了一个问题——我打赌你也遇到过。我非常兴奋，下定决心要做我看到的其他老师所做的一切，但由于一切都是新的，我很快就感到疲惫。我很难跟上节奏。要学习和准备的新东西太多了。甚至连我的塑封机都跟不上了，那一学年它坏掉了。但问题是：如果你承诺在课堂上只尝试一种新事物呢？

重复做同样的事情会让人感到乏味。打破常规，大胆尝试，可以为教学工作重新注入活力和激情。但是，将自己限制在一种新事物上，可以帮助你避免被比较冲昏头脑（并延长塑封机的使用寿命）。你不需要一次性尝试你收藏在教学专辑里的所有点子。这只会导致所有好项目都做不到位，反而产生一堆塑料材料。相信我，我是过来人。如果我能吃鱼，你也能做到。

让我们从选择第一个新项目开始吧。（耶！）

这里有一些小贴士，可以帮助你分清主次，选择一件新事物。

最重要的是，我希望你选择自己想做的事情，而不是你的闺蜜同事在做什么，或者现在网络上流行什么，或者你的校长认为每个人都应该做什么。

问问你自己，什么能让你兴奋？如果你正在看收藏夹里的内容，是什么画面让你感到梦幻般的快乐？你的新项目必须是让你感觉正确并能给你带来快乐的。

接下来，让我们考虑时间问题。（大多数人都会跳过这个过程，投入到所有令他们兴奋的事情中去。但你和大多数人不一样，你现在对自己的时间很有规划。）

这些新项目想法需要多少时间？

你需要参加专业培训或读一本书吗？

需要准备材料吗？

这是一个你将在全年逐步实施的项目，还是一个将在几周内完成的项目？

在考虑了清单上的项目所需的时间后，看看你的日程表。你到底能拿出多少时间来尝试新事物？我们只想选择能在工作时间内完成的项目。你的一些想法可能很好，但它们并不适合你现在的生活和教学。认识到某个项目需要暂时搁置是可以的，这并不意味着你永远都无法实现那个新想法。这只是意味着，你现在说“还不行”，是因为你正在对其他事情说“行”。

最后，考虑你正在考虑的项目的影响。

你清单上的哪个项目会给你的努力带来最大的回报？

在你的清单上，是否有一个项目可以减轻你在这一年中的压力？

有没有一个项目可以提高学生的成绩？

例如，如果你讨厌写作教学，它每天都会给你带来压力，那么选修一门课程，开展一个新的写作工作坊，就能减轻你每天的压力。如果课堂管理让你欲哭无泪，那么启动一个新的管理项目可能会让你的日子更快乐。你可能想选择能给你带来最大影响的项目，但选择现在最简单的项目也完全没问题。每个季节都不一样，你可以决定现在做什么感觉好。你是否正在苦苦思索一个好的新项目？这里有一些想法，但请记住，它们只是想法而已，这不是一份你“应该”在教室里做的事情的清单。

- 参加专业发展课程，学习你最不喜欢的教学科目。
- 重新安排中心课程，使其更易于管理。
- 研究并实施一项新的课堂管理计划。
- 与阅读小组一起成立读书俱乐部。
- 在课堂上开展融入科学、技术、工程、艺术和数学（STEAM）的实践活动。

在课堂上学习、改变或实施一种新事物，就能让教学充满生机。把眼睛盯在自己的试卷（也就是教室）上，不要认为自己得跟上隔壁的老师，这就是一种解放！允许自己一次只关注一件新事物，因为我们希望你的教学生涯是一场马拉松，而不是短跑。冲刺或者一下子做出一百万个改变，都是不可持续的。

学习如何应对新事物对教师来说其实至关重要。我们的职业生涯中，新事物层出不穷，要求不断变化。我们可能会觉得几乎每天都有新课程。或者说，我们每年都被要求教授不同的年级或适应新的标准。选择自己的项目在课堂上实施固然有趣，但现实情况是，我们必须按照学区或上级的要求做出改变。这是没有办法的事，这只是教师职业的一部分。

从容应对各种变化

当我发现自己深陷新课程的泥潭时，我才教了两年书。我们在同一年被安排了新的数学课程（连续第二年）和新的写作课程。当然，我们被强制要求求教授这两种课程，而且我们没有得到任何关于这两种课程的培训。我花了好几个小时去阅读这些新课程所附带的几十本教师指南。听起来很熟悉吧？在这一年里，我对数学和写作教学的信心降到了最低点。老实说，我对教学的热爱也达到了危险的低点。这一切都让我不堪重负。

我希望我能告诉你们，我有一个超级秘密策略，可以消除别人强制要求的激进举措和不必要的改变。如果我能得到这个策略，我将成为每位教师最好的朋友。在下一次的教职工大会上，你们都会为谁能坐在我旁边而争得面红耳赤。现在我要告诉你们一个坏消息。没有这样的策略。改变是不可避免的。你将面对新的课程表，你的管理人员会提出一个新的宠物项目，你会得到一个新的时间表，你甚至可能不得不在某些时候更换年级。

你可以选择被这种变化压得喘不过气来，也可以选择有策略地制订一个计划，帮助你以尽可能少的痛苦来适应这种变化。选择方案二！你可能无法消除变化，但你可以决定如何应对变化。

我收集了一些我最喜欢的应对新课程、新学校和新年级的小贴士（还有一些来自教师社区的小贴士）。利用这些技巧来帮助自己制订一个计划，让你感觉自己在面对新的要求时有一定的控制力和能力。

新课程

- 在开始新课程之前，有意识地留出时间复习和学习如何安排课程。拿出日程本，选择时间段进行研究、头脑风暴、准备和规划。首先要研究和了解课程及要求。然后，花一些时间集思广益，想一想如何安排课程的各个部分并将其融入到课堂常规中。准备打印材料。最后，将新课程整合到你的课程计划中。
- 每次只关注课程的一小部分。大多数课程的内容都很丰富。不要试图在第一天就将所有内容都融入其中。每次只学习一个部分，然后慢慢地一点一点地将这些部分添加到你的课堂中。不要一下子就跳进去淹死，而要慢慢涉足。这将增强你的信心，减少你的慌乱。

- 查看课程网站，了解上面创建的资源。通常情况下，这些平台会制作有关实施课程的培训视频。在决定如何在课堂上推广课程时，了解课程中每个组成部分背后的原因会大有裨益。根据资金情况，你可以鼓励你的管理部门将培训师请到你的学校或学区。提问能改变生活！
- 寻找社交媒体群组，其中包括使用该课程的其他教师，这样你就有了一个提问和获得支持的地方。其他教师也曾走过你现在的路。当涉及如何在课堂上切实实施该课程时，经验丰富的人可以为你提供丰富的建议。

转到新学校或新年级

- 立即寻找导师。无论你是在新学校还是在新年级任教，你都需要找人来解答你的问题。通常，你的邻座老师或组长都是很好的导师人选。一定要尊重他们的时间。大多数老师都乐于帮助新队友，但你不要以为只要你走进他们的教室，他们就可以放下一切。尽量与他们安排时间，或通过电子邮件发送一些问题，以便他们在方便的时候回答。
- 尽快熟悉课程。如果你面临多个科目的新课程（或标准），请尝试一次解决一门课程。利用上述技巧，让自己沉浸在新课程中，而不至于不知所措。
- 有意识地花更多时间倾听而不是倾诉。当我们与一个新团队合作时，往往会想向他们证明自己。我们带着自己的想法和课堂上一贯采取的方式去工作，这种灵活的做法通常会适得其反，会让人觉得我们不愿意成为团队的一员，只想把自己的老方法强加给新团队。相反，我们应该倾听他们的想法和常规，之后会有很多时间来分享你的想法。在通过倾听和理解建立起关系之后，你的想法会得到更好的回应。

你可以成为这样的教师：喜欢在课堂上尝试新事物，从容应对各种变化，在网上浏览精美的内容，而不去追逐别人眼中的成功。你可以了解隔壁老师在做什么，在开学前一周查看收件箱里的全新课程，打开手机上的应用程序，而不会觉得自己必须达到一个不可能达到的标准。

我保证，只要你专注于做最好的自己，这一切都是可能的。我无法成为最好的雪莉，但我可以成为最好的杰米。我的学生也因此爱我。我不知道你怎么想，但在课堂上尝试新事物让我对出现在课堂上感到兴奋，当我选择那些能让我感到快乐的项目时，这比那些华丽而紧张的项目更有效。当我终于能够停止将我的课堂与我在网上和教学楼里看到的课堂进行比较时，我就能够专注于真正有效的东西，然后，一次做出一个改变，以改善效率低下的内容。

读完本章，如果你有时间，我希望你只做一件事：

停止与其他老师做比较。

我永远不会成为雪莉。希望我已经说得很清楚，试图做你看到的其他老师在课堂上所做的一切是灾难的根源。你永远跟不上，即使你非常努力，也只会导致严重的不堪重负和职业倦怠。抵制这种做法!

用“勇敢坚毅的方式”专注你自己的赛道

1. 不要用你的台后对比他人的台前。
2. 不要拿你的第一幕对比他人的第二幕。
3. 一次尝试一种新事物。
4. 从容应对各种变化。

第七章

设置界限

我女儿莱妮在幼儿园的时候，她的老师让全班同学完成这句话：“我妈妈喜欢……”

莱妮写道：“我妈妈喜欢喝妈妈果汁。”

意思是葡萄酒。

幸运的是，她的老师觉得这很有趣。作为老师，你知道孩子们是不知道界限的。

我认识的每一位幼儿园到4年级的老师都深有体会，他们禁止学生穿露趾鞋上学，因为孩子们在讲故事的时候会忍不住掰脚趾。有一次，学生给我一只活蝎子作为“礼物”。一位名叫肯德拉的“勇敢坚毅的教师”团队成员曾经每天都收到一个学生的报告，内容是关于他爸爸前一天晚上有没有睡在沙发上。人们常说，孩子们什么话都敢说，什么事都敢做。因为他们还小，不懂事。成年人不可能有同样的行为（这是好事）。成年人需要有界限，你需要有界限。

暂停！我们能停下来聊聊“界限”这个词吗？

我曾经很讨厌这个词。我认为界限就是我需要遵守的规则。界限让我觉得自己被束缚住了，必须按照别人决定的方式行事。界限就是为什么我不能每天穿牛仔裤去学校，为什么我必须教特定的课程——即使它不起作用，为什么我必须在每周五下午精神疲惫时参加员工会议。

当时，我把界限定义为负面的东西。我认为界限是武断的规则，它阻止我做自己真正想做的事，强迫我做别人想做的事。难怪我从未坐下来设定过任何界限！因为根据这个定义，谁会去做呢？

有趣的是，我现在意识到，界限之所以让我感觉如此消极，是因为我一直生活在别人设定的界限中。我之所以感到恼火，是因为我没有自己的界限。因此，我没有把自己放在首位！

界限是我们为自己设定的限制。界限允许我们对他人说“不”。这样看，界限就变得如此强大！

我从来不知道我有权为自己设定界限。

我以为好老师总是平易近人，总是说“好”。我以为我需要别人的允许才能做其他事情。如果你也曾有过这样的想法，那就让这张纸成为你的许可单，为你同意的事情设定一些界限。我已经在所有适当的地方签了字。现在，我允许你少做事、学会说不，并优先考虑你的个人生活。你可以建立健康的界限。别和许可单争辩。

实际上，我无权签署这样的许可单。事实是你从来不需要我的允许，也不需要任何人的允许。你一直有权设定健康的界限。我们中的许多人之所以没有设定界限，是因为我们不知道如何设定界限，也是因为我们对成功的定义建立在他人的认可之上。这也是我们重写成功定义的部分原因！（现在一切都说得通了吧？）

作为教师，我们通常不会设定界限，因为“成功”与我们在脑海中创造的完美教师形象息息相关，但问题是：追逐这种成功需要放弃所有的界限。但那已经不再是你了。

你对成功有了新的、更好的定义（如果你还没有记住，请回到第一章，重读你的定义）。为了实现你对成功的新定义，界限就像你的老师桌子抽屉里的糖果一样重要。换句话说，界限是必不可少的。

你可以选择在课堂上、学校里以及生活中的任何地方建立各种不同的界限。在你追求成功教师的新定义时，我将向你介绍几种你应该认真考虑采用的界限。

不过，这仅仅是个开始，请戴上你的思考帽，像幼儿园的孩子一样，用一盒蜡笔在一堵漆得清清爽爽的白墙上尽情发挥你的创造力吧。

界限❶
工作时间

你可以决定自己的工作时间。显然，这有一些限制。你可能签订了有特定时间的合同。不要无视你的合同，我不希望你的校长给我写讨厌的字条。

虽然你可能无法宣布自己的工作时间为每天上午10：00至下午1：00（要是这样就太酷了），你可以而且应该声明你在合同规定时间之外的工作时间。你不需要每天晚上和整个周末都工作。你不必听从学生、学生家长或管理人员的召唤。你甚至可以决定不在合同规定的工作时间之外增加工作时间。

以下是一些帮助你决定新工作时间的问题：

- 你的合同工时是多少？
- 你希望每周工作多少个小时？（你可能已经在撰写“成功定义”时做出了这个决定。）
- 与在家工作相比，你希望在学校工作多少小时？
- 看看你的个人/家庭日程表，你希望在哪些晚上或哪些白天少工作或不工作？（提示：如果你愿意，可以每天晚上都工作！）

现在，你可以决定你的具体工作时间表了。拿起你的日程本，决定一周中每天的具体工作时间。确保新的工作日程准确反映你对成功的定义中的小时数。

当我第一次制定我的工作日程时，那是我梦想中的日程，并不是现实。我去上班时，会突然出现一些与我的理想工作日程不符的事情。有个人教育计划会议、家长会之夜，或者学校嘉年华。老实说，这样的事情不胜枚举。总有一些额外的事情要求我们去做。我总是答应，因为我没有更好的办法。

我的工作日程几乎每周都被排得满满的。写下你梦想中的日程安排，却无意执行，这就好比买了一套全新的写作课程，却从不打印出来一样。如果你不使用这个新界限，就无法从中受益！

以下是一些执行工作日程表并使其成为现实的建议：

- 向配偶、家人、朋友、同事、管理部门和班级家长传达你的时间表。你可以在教室门上和电子邮件签名栏里张贴你的工作时间。当人们知道你的工作时间后，当你不得不说“不”时，他们就不会感到惊讶了。
- 练习说“不”。这并不容易！当我被逼无奈时，我几乎总是说“好”。现在就花点时间努力想想，想一想在哪些可能的情况下，你会被诱惑在工作时间之外工作，然后写出一个重视你的新界限的回答。你越是预先思考和练习如何处理这些情况，当情况发生时就会越容易。

想说“不”时该怎么说

当你不可避免地被要求或自愿做一些工作时间以外的事情时，以下是一些回答。

“对不起。我现在没空。请问其他时间可以吗？”

“很遗憾，我事先有约，无法参加。”

“在我人生的这个阶段，我无法自愿参加这项活动。”

在你表达了你的“不”之后，庆祝一下吧，因为坚持自己的底线会让你成为一名出色的老师！

界限❷
工作邮件

如果我建议你自己设定工作时间，真的挑战了你的极限，那你最好坐下来听我说。它可能会让你大吃一惊。准备好了吗？开始了……

不要在非工作时间查看工作邮件。这意味着晚上不要查看工作邮件。这也意味着周末不要查看工作邮件。“但是……但是，杰米，如果我的校长在周末给我发了一封超级重要的邮件怎么办？”其实很简单。你周一早上再打开的时候，邮件还会在那儿。它可以等。如果真的有紧急情况，你的校长有你的电话号码，他可以给你打电话。

我曾经认为，在家查看工作邮件真的没什么坏处。毕竟，我已经在用手机浏览社交媒体和个人邮件了。我会告诉自己，读几封工作邮件会让我有个好的开始，减少第二天的工作量。我完全是在自欺欺人。

现实情况是，工作邮件十有八九会给我带来压力，或者让我觉得我需要在周末的待办事项清单上增加额外的任务。这些邮件偷走了我的私人时间。有一次，我收到一封邮件，通知我下周会有一个新学生。我的放松时间变成了压力。我于是疯狂地开始打印新学生的材料，并打电话给我最好的教学伙伴，抱怨在我的班级人数很多的情况下，我还要招新学生是多么不公平。周末剩下的时间我都在准备和自怨自艾中度过。周一到学校时，我已经很累了。

还有一次，我在周末收到了一位家长的电子邮件。这对父母对其儿子的语法成绩非常生气，这封邮件丝毫没有善意。我整个周末都在为这位家长对待我的方式而生气。我滔滔不绝地向我丈夫讲述了学生的整体表现如何出色，但就是在最近的语法测验中退步了。看在老天的份上，他的成绩依然还是A！除了学校的情况，我什么都不能说，什么都不能想。我的周末毁了。

在非工作时间查看工作邮件会占用你的私人时间。一旦看了，你就很难不去想它。通常情况下，你会因为试图解决脑中的问题而对正在做的事情分心。或对与你在一起的人心不在焉。还有的时候，你会发现自己对某种情况感到担忧或不安。工作能力强的人甚至就直接开始行动了，也许这意味着要准备一项新的活动、为即将缺席的学生准备一个作业包，或者重新制定你的教案。当你让工作邮件占用你的私人时间时，你就很难在个人生活中保持存在感。

山姆·亨特有一首乡村歌曲，叫作《90年代分手很容易》。这首歌让我捧腹大笑，因为他唱到20世纪90年代还没有社交媒体，所以你不必去看你的前男友在忙什么，或者他们和谁在一起。这让我想到，在那个年代，断开联系、开始休息可能也更容易。人们在家里不容易接触到他们的工作。他们没有带电子邮件应用程序的手机。大多数家庭甚至没有互联网，很多人也没有电脑。技术让我们更难与工作断开联系了。现在，我们必须设定更多的界限，更有意识地把工作留在工作时间中。

更有意识地处理电子邮件的方法之一是决定何时查看电子邮件。你已经决定什么时候不查看电子邮件了，对吗？对吗？！你不会在非工作时间查看电子邮件。

那么，你什么时候查看电子邮件呢？你不能在学校的每时每刻都查看电子邮件。这会分散学生的注意力。这一点我深有体会。我有一个很糟糕的习惯，就是在教室的电脑上打开我的电子邮件，这样我就能听到“叮”的一声，表明我有一封新邮件。当有新邮件进来时，我会漫不经心地走到电脑前查看邮件主题，然后决定是否要立即打开它。在做这一切的同时，我还要努力提供高质量的分数课程或中心活动信息。

我不是唯一一个这样做的人。许多老师他们像我以前一样在教室电脑上查看电子邮件。这很常见！

即使你不在教学时间查看电子邮件，你也需要非常小心，不要让电子邮件干扰你的评分和备课时间。电子邮件真的会把你吸进去。你会决定在批改写作样本之前快速查看电子邮件。30分钟后，你会发现自己还在点击电子邮件，而一篇作文都没有批改。

解决办法是什么？你现在可能已经明白了我的建议。解决办法就是把电子邮件安排到日程本上！准确决定你什么时候查看电子邮件，以及给电子邮件留出多少时间。把时间记在日程本上。我喜欢每天留出30分钟看电子邮件。因为我是个早起的人，所以我选择在每天上班前安排30分钟的电子邮件时间。但你可以决定什么时候最适合你的日程安排。是在你的计划时间内？是放学后的第一件事？还是回家前的最后一件事？只要适合你，就记在日程本上。

你现在已经建立了一些电子邮件界限！恭喜你，这是最简单的部分。现在，你必须将这些界限传递出去并执行。这里有一些小贴士，可以帮助你遵守新的界限。

- 将工作邮件应用程序从手机上移除。让你的手机成为个人交流的场所，不再受到从家里查看工作邮件的诱惑。说真的，现在就去做。我等着你。
- 决定电子邮件的回复时间。既然你不会立即回复你的电子邮件，那么电子邮件回复需要等待多长时间？如果你在这个问题上有困难，请先将回复时间设定在24个工作小时之内。这就意味着如果有人在周五晚上9点钟给你发了封邮件，他们可以在周一晚上5点之前收到回复。把你的回复周期写在电子邮件签名中，让每个人都知道对你的等待时间是多久。

- 让“不在办公时间”功能成为你最好的朋友。在每个周末打开“不在办公时间”通知，可以轻松传达你的界限。如果你在周末收到电子邮件，发件人会收到自动回复。内容可以是：“我周末不在学校，有更多时间陪伴家人。你的信息对我非常重要，我一定会在周一给你回复。谢谢！”

在当今时代，电子邮件并不是家长与老师沟通的唯一方式。你们中的许多人都有某种课堂管理工具，其中包括类似电子邮件或短信的交流方式。使用这样的工具本身并没有错。我非常喜欢那些能让家校沟通更加便捷的工具。但是，我们必须谨慎选择使用这些工具的方式，因为你不是任何时间都有空回复家长！事实上，上述所有的界限和提示仍然适用于你的课堂管理工具。

- 不要在非工作时间回复信息。
- 决定何时回复这些信息，并确保将时间标注在日程本上。
- 如果可能，从手机中删除应用程序，至少关闭通知。

我们无法全天候地联系到最优秀的教师。相反，他们晚上和周末都忙于家庭生活和业余爱好。这样一来，他们周一出现的时候，就是精力充沛、超级有趣的老师，可以全身心地服务学生。跟我们预料的不同，这对家长也有积极影响：一位名叫克里斯的“勇敢坚毅的教师”成员在下午4点后就不再回复电子邮件了，她向我保证说，如果家长没有收到她的邮件，他们会更开心。

界限❸
寻找你的积极小分队

在实习期间教12年级对我来说是一个不小的挑战。当时，我自己的孩子还很小，而我上一次与青少年相处还是我自己上高中的时候。我毫无准备。

我首先注意到的是语言。当我听着这些学生互相交谈时，我不禁怀疑他们是不是在比赛，看谁能在一句话中说最多的脏话。如果比赛是这样的话，那么每个人都是赢家。我感到惊讶的是，这些青少年似乎不知道和老师说话要和与朋友说话不一样。

但最让我吃惊的是这样一件事。我去洗手间的时候，看到了我永远也无法忘怀的一幕。两个学生在大厅里接吻，我没开玩笑。我很震惊，回到教室后，我告诉我的指导老师，我高中毕业以后，孩子们真的变了。我知道他会理解的，因为他是我高中时的老师。

但他的话让我大吃一惊。他说："孩子们没有变。你班上的同学也说过脏话，也做过错误的决定。只是你没有注意到，因为你没有和那些孩子在一起，你在象牙塔里。"

我很快意识到他是对的。以前和我在一起的朋友都喜欢上学，就像我一样。我想我是和书呆子混在一起了吧？直到那一刻之前，我一直以为每个人都像我们在学校时一样乖巧。显然我错了。

我想说的是，你的同伴会影响你的观点。如果你的教师朋友已经精疲力竭，讨厌教学，那么你也会很快陷入同样的困境。如果你的朋友全天候工作，没有任何界限，也不注重自我照顾，你可能也会如此。但是，如果你的朋友们喜欢与学生沟通、不计较小事、在约定的时间离开……那么，你也很有可能会变成他们那样。

作为教师，我们每个人都曾经历过艰难的一天，然后去教职工休息室或我们的闺蜜同事那里抱怨。我认为，大多数老师或者说大多数普通人都有发泄的强烈愿望。尽管我们有很多工作要做（我们的同事也一样），但我们可以放下一切，开始闲聊，就像在高中毕业舞会前一周的午餐桌上一样。说真的，大家都这么做过。眼看着，这种闲聊变成看谁的情况最惨的比惨大会。

“你绝对不会相信他妈妈今天给我发了什么邮件！”

“哦，那没什么！听听我上周收到的邮件！”

我们从发泄中获得快感，并学会享受与同事惺惺相惜的感觉。没过多久，我们几乎所有的休息时间都和一群抱怨者在一起。与朋友一起抱怨的习惯很快就会变成一种坏习惯（比你想象的还要快）。最明显的是，你会错失很多完成工作的机会。花在抱怨上的20分钟本可以用来评分，让你带着空瘪的公文包准时回家。但更危险的后果是，我们开始在消极的自我对话中越陷越深。我们听到每个人都过了糟糕的一天，就更不可能感到乐观。我们每多听到一句抱怨，就更难热爱我们的工作。

别担心。我并不是建议你永远不要向老师、朋友们抱怨，或是要你完全抛弃每一个不能百分之百保持积极的人（如果你不得不这样做，你可能会成为一个非常孤独的人）。相反，我希望你们致力于寻求一些平衡。教师迫切需要能够理解课堂上的喜怒哀乐的朋友。但是，我们也需要能够挑战和激励我们的朋友。我们需要寻找解决方案的朋友，而不是那些只会抱怨来浪费时间的朋友。你需要一个积极向上的团队。

在我任教的第一年，我和隔壁的老师詹妮弗成了好朋友。她是一位经验丰富的老师，即将退休，但这是她在这所学校的第一年。我有几年在学校代课的经验，但这是我第一年正式当老师。我们互相帮助。整整一周，我们都会聚在一起，花几个小时讨论如何帮助我们的学生。

詹妮弗总体上非常积极，当我遇到困难时，她会帮我开动脑筋，想出一些解决办法。（事实上，“勇敢坚毅的教师”的首批资源中就有一些是她的主意！）每周我们会去享受一次欢乐时光，喝着玛格丽塔鸡尾酒，吃着薄饼比萨。詹妮弗会继续与我分享教学经验，并在一些超级艰难的日子里鼓励我。是的，在那些欢乐时光里，我们确实会抱怨几句。毕竟，我们都是人。我确信，正是这些夜晚让我度过了教学的第一年。詹妮弗帮助我成为一名更好的老师，更好地为我的学生服务。她就是我的积极小分队。

谁是你的积极小分队？找一群老师发泄情绪很容易，但要找到那个或那些能振奋你的精神、鼓励你成长的人可能更具挑战性。你可能需要寻找自己的积极小分队。观察人们工作和参加团队会议的方式，你未来的积极小分队可能正在这些场合寻求清晰的思路和解决方案，而不是抱怨或者说闲话。注意那些似乎能在困境中找到快乐或教训的老师。当你听到他们谈论下次将采取不同的做法时，你就知道自己已经找到了积极向上的团队。寻找其他拥有健康界限的教师。你的团队中有没有周末不回工作邮件的老师？我希望你能发现你的“积极小分队”在他们约定的休息时间走到车旁准备下班（如果他们有可爱的包，而且包里没有装满文件，那就加分！）。

如果你还在努力寻找你的积极小分队，不要绝望。这需要时间！同时，开始问问自己是否是一个积极的同事和队友。当你表现出积极团队成员的特质时，你就更有可能吸引相似的人。以下是一些简单的方法，帮你给学校的人际关系带来一些积极的因素：

- 询问他们获胜的情况。
- 留下激励的字条。
- 用糖果或咖啡等小礼物给他们惊喜。
- 通过分享自己的心路历程，鼓励他们坚守界限。

- 征求建议而不是发泄。
- 推荐这本书给他们看。

同时，欢迎加入“勇敢坚毅的教师”社区。我们是一个庞大的教师社区，旨在为教师出谋划策，帮助他们解决问题，而不是发泄情绪。我们很乐意成为你的网上积极小分队，同时你也可以寻找自己的小分队。

我没有疯。我知道，你的工作场所并不处处都是彩虹。无论你多么积极乐观，你都不得不与抱怨、打击你的人共事。你的队友可能更喜欢抱怨“现在的孩子”，而不是研究新的教学策略。你的团队领导可能每天早上都会到你的教室，对迟交的家庭作业和荒谬的家长邮件发一通牢骚。你的校长可能会利用每次教职工会议来强调低分问题及新的数据收集要求。你不可能改变每个人的心态。这就是界限的作用所在。

现在就决定，你要有意识地花更多时间与你的积极小分队在一起，而不是留在那些试图让你失望的人的身边。如果你在会议上花的每一分钟都是在抱怨而不是解决问题，那么就安排快乐的一小时，或者与你的积极小分队一起进行两倍时间的备课会议。每当你在午休时间听教职工发泄和抱怨时，就花两倍的时间与你最要好的积极小伙伴一起庆祝胜利。

在“消极派”和“积极派”之间建立平衡，会让你很快重新找到对教学的热爱！

界限❹
知道什么时候离开

系好安全带，因为这是一个深刻的问题。事实上，很长一段时间我都不想在书中写到这个问题。最初，我被要求就此写一整章，但我做不到。我不想让你们花那么多时间阅读一个负面的话题。但经过几个月的写信交流，我感觉我同万千的一线教师已经成了教学上的好朋友，我意识到如果我完全不写这个话题，就是对他们的伤害。我已经调整好心态，因为我们需要进行这样的对话。

在我们的“勇敢坚毅的教师”社区里，每天都有人发布这样的问题。

“我在想，我需要离开我的学校，因为那里环境太糟糕了。你怎么知道是不是该找一份新工作了？”

“我觉得我做不下去了。有谁离开了教师这一行？我们还能胜任哪些工作？”

现在也许是提醒大家我为什么要写这本书的好时机。我当然不想写一本会导致教师离开自己职业的书。事实上，情况恰恰相反。我热衷于让教师留在课堂上。每当听到有关教师离职速度之快的统计数据时，我的心都会隐隐作痛。高校培养新教师的速度远远不够，无法替代那些只在课堂上工作了3年就离开的教师。这些人从小就立志当教师。他们对孩子们充满热情，渴望有所作为。但是我们都知道，教学工作可能会让人身心俱疲。我开始写这本书，是因为我想给你们这些了不起的老师提供一些工具，让教学变得轻松一些。我希望你们能找回儿时的梦想。我想帮助你们重新点燃那份爱，我希望你们继续教书育人。

但我希望你能快乐，事实是，有时改变是必要的。为了重新爱上教师职业，你们可能需要离开自己的学校，去寻找更适合自己的学校。虽然我不想这么说，但你们中的一些人可能会认为教师职业不是自己的真爱，并决定探索新的职业。你们可以做出最适合自己的决定。无论你们做出什么样的决定，我都会百分之百地支持你们。

为什么我不再当老师了

我离开教室并不是因为我不再热爱教学。我并没有倦怠。事实上，我热爱我的职业、我的学校和我所创造的日常工作。更重要的是，我热爱我的学生，热爱每天讲授引人入胜的课程。当然，我讨厌教职工会议和无聊的职业发展活动。当家长发来粗鲁的电子邮件或学生向我提出质疑时，我也有过艰难的时刻。但我知道，我找到了自己的使命，在经历了数年溺水的感觉之后，我终于到了一个可以呼吸的地方。

那么，为什么要离开呢？有两个原因。

第一个原因是，我的健康出了问题。我患有癫痫。我的癫痫发作是因为脑部受伤。这是我一生都在与之斗争的问题，但直到我当老师的前几年才确诊。之所以花了这么长时间才确诊，是因为我很少有癫痫大发作。我的大多数癫痫发作都是失神发作。它们很难被发现，但还是会让我感觉不对劲。我的言语会受到影响，大脑也会变得非常模糊。如果我在短时间内有过多的失神发作，往往会导致癫痫大发作，就像中风一样。我至少需要一个月才能恢复。

在我教书的最后一年，我开始经常癫痫发作，在上课和开车时都会发作。没有明确的原因解释为什么癫痫发作越来越频繁，但是开始感到不安全。我觉得我不应该自己开车去学校，也不应该负责一屋子25个8岁的孩子，他们都依赖着我。想到自己因为健康原因无法再从事自己热爱的工作，我就非常难过。

我离开的另一个原因是“勇敢坚毅的教师”。2013年，我把创业作为业余爱好。我喜欢为我的课堂制作简单但吸引人的资源。我想，如果我向其他老师出售一些资源，就能为他们节省一些时间。我还想，如果每月能赚到20美元左右，我也许就能为自己的学生购买更多的资源、图书和操作材料。我非常喜欢这个新爱好，每天都会熬夜制作新的任务卡，计划数学中心活动。在家庭度假和学校的每个假期，我都会制作资源。世界各地的老师都在用我的资源教他们的学生！这种感觉真是太棒了。我意识到，也许我的身体还不足以开车去学校，但我完全有能力坐在电脑前，为老师和学生制作出优秀的资源。这种资源能让老师和学生爱上学校。

所以，简而言之，我离开教室是为了保护我的健康，并在教育界产生巨大的影响。

转校或转行无疑是一件困难的事，但往往做出决定才是最艰难的部分。让我们改变这种状况！让我们在问题出现之前就决定你何时离开。在你认真考虑辞职之前，我们就决定你何时辞职。

如果你在学校过得很开心，也没有认真寻找新工作，那么这项活动就会特别有效。当我们开始考虑辞职时，一般都是因为有很多戏剧性的事情和感受。通常会有一些具体事件让我们感到愤怒或悲伤。这让我们在感觉不佳的情况下做出重大的人生决定，这可能会导致我们做出错误的决定，对自己做出的决定感到不确定，或者无法做出决定。因此，我们不要等到感觉沮丧时才做出这个改变人生的重大决定。让我们现在就决定吧。

拿起你的签字笔，坐好。我希望你们花一些时间仔细思考，回答下面的问题。每个人的答案都会不同，没有正确答案。你们可能会列出一个长长的清单，也可能每个清单只有三四个条目。重要的是慢慢来，这样你的答案才会非常具体。你现在可以花15分钟来做，明天有更多时间思考后再来做。

1. 我会在以下情况下离开这所学校：

2. 我会在以下情况下离开教师这个行业：

记住，你可以因为你列出的任何一个原因而决定离开，也可以决定在你清单上的两个或更多条目成为现实时离开。对于某些人来说，也许整个清单都必须成为现实，你才会离开。现在就设定你的界限吧！

如果在开始练习时遇到困难，可以从这些例子入手。

当出现以下情况时，我会离开这所学校：

- 他们不允许我对课程进行合理修改，以最大限度地满足学生的个人需求；
- 我的工作时间界限在至少90%的时间里没有得到尊重；
- 我感觉自己或学生的安全没有得到优先考虑。

当出现以下情况时，我会离开教师这个行业：

- 我不再为学生的“灵光一闪”感到兴奋和有动力；
- 即使实施了新的策略和界限，我还是发现自己每个月都要哭上好几次；
- 由于压力或工作时间，我的健康状况恶化或处于危险之中。

在你对自己的工作感到开心或满意的时候，花点时间来决定何时离开是非常有力量的。从决定中剔除情感因素，让你做出真正重视自己和自己幸福的选择。这就像为意外做好计划一样，在突发情况出现之前就知道自己将如何处理，这种感觉非常自由！

沟通是关键

经过艰苦的努力，你决定自己应该有界限，然后设定了最初的几个界限。如果没有人知道这些界限，这一切都没有意义。如果人们不知道你的界限的存在，他们就无法学会尊重你的界限。如果你对自己的工作时间保密，你的校长完全有可能继续在你的私人时间安排会议。如果没有人知道你的新电子邮件收发原则，很可能会有家长和同事抱怨你回复他们的问题不够快。

我的医生的诊所在下午4：00关门。但不知为何，我总是在下午4：05时想起我需要预约。这很烦人，但我知道时间，所以我通常会设置一个闹钟，提醒自己在早上打电话。他们的工作时间是经过沟通的，所以我尊重他们的工作时间。我不指望下午4：05打电话会有人接。

福来鸡周日不营业，如果你在周日下午想吃他们的招牌鸡肉三明治，那就太扫兴了。如果你真的忘了今天是周日，开车去餐厅时却发现里面黑漆漆的空无一人，那就更恼火了。这可能不太方便，但我知道他们周日不营业。我不一定要喜欢他们的营业时间，但他们的营业时间是经过沟通的，所以我尊重他们的营业时间。

如果你能传达自己的界限，人们也会学会尊重你的界限。这个过程可能需要时间。他们可能仍然会在周末发送电子邮件，或者像我在周日开车去福来鸡一样打扰你的计划时间。他们甚至可能不喜欢你的界限。我在开市客只能买一卷卫生纸，这让我很抓狂。随着时间的推移，我逐渐习惯了这一点，并调整了我的购物计划，使之变得可行。随着时间的推移，你的家人、管理人员、学生和学生家长也会习惯你的界限。他们会调整自己的生活习惯，以适应你传达的界限。

传达你的新界限可以非常简单。以下是一些建议：

- 在教室门旁的告示牌、电子邮件签名和教室通讯中公布你的工作时间。
- 使用“不在办公时间”通知功能，让同事和家长知道何时可以收到你的电子邮件回复。如果可能，对其他教室通讯或管理工具也这样做。
- 在教室门上贴上告示，告知同事你正在备课或批改作业，除非有紧急情况，否则不得打扰（包括非紧急问题的联系方式）。

切记要多沟通。如果你不得不反复告知自己的界限，也不要气馁，因为很少有人懂得界限的重要性，所以我们需要花更长的时间来训练他们尊重我们的界限（另外，人都是健忘的！）。

读完本章，如果你有时间，我希望你只做一件事：

从手机和个人设备中删除工作邮箱应用。

这很简单，但这是你有意识地为电子邮件划定界限的第一步。你不需要全天候随时待命，我保证。

用“勇敢坚毅的方式”设置界限

1. 确定并告知你的工作时间。
2. 设定工作电子邮件的界限。
3. 寻找你的积极小分队。
4. 知道什么时候离开。

可选项：

练习说“不”。

第八章

“勇敢坚毅的教师”的成就

我往往会做过头。

事实上，我丈夫说最可怕的事就是我说“我有个主意”。

2022年，就在我写这本书的时候，我的4个孩子都参加了毕业舞会。这种情况再也不会发生了，因为我的小儿子已经高三，离他毕业只有一个月了，我感到非常伤感。毕业舞会就像是高中生活结束的开始。我用我唯一知道的方式处理了这件事：我为毕业舞会举行了盛大的庆祝活动。

舞会地点离我们家大约有一个小时的车程，简直是荒郊野外，路上和附近都没有好的餐馆。我突然想到我可以改造我的后院，为孩子们、孩子们的朋友，以及他们的舞伴提供一个美丽而浪漫的饭店。我兴奋得晕头转向，然后疯狂地计划细节。

我找到了私人厨师、餐桌租赁服务、乐师和摄影师。

我挑选了与学校颜色相匹配的餐桌摆设和中心装饰。

我还准备了一份青少年会喜欢的精美菜单。

我甚至租了一辆派对巴士，把孩子们一路接送到毕业舞会地点。

一切都非常完美。

孩子们穿着礼服和燕尾服，看起来美极了。我的院子看起来就像童话电影里的场景，现场音乐既有趣又浪漫。照片非常珍贵。我当然希望孩子们喜欢，因为这是我永生难忘的一晚（我甚至没有穿上礼服，也没有坐上派对巴士去跳舞！）。

我不知道你们怎么想，但对我来说，为家人和爱人庆祝很容易，也很有趣。但要我为自己做点好事，却要困难得多。

也许你和我——以及我认识的大多数教师——一样，很少花时间为自己庆祝。想想你上一次犒劳自己或庆祝胜利是什么时候？花点时间反思自己的成就、成长，甚至是作为一名老师每天所付出的努力，对于热爱我们所从事的工作是如此重要。

另外，让我花点时间说一声：耶！

在创业和教学的初期，我不知道如何为自己庆祝。每周结束时，我都会感到筋疲力尽、心灰意冷。我有一大堆事情没有完成。我过度关注那堂不顺利的课，我很担心那个似乎落后得越来越远的孩子。我觉得自己被打败了，因为我只看到了消极的一面。

当我初始创立“勇敢坚毅的教师”社区时，我开始规划每周的日程安排，并严格规划时间，这一点很重要，因为我既要全职教书，又要独自经营一家小公司。我确实完成了大量的任务，但一周结束时，我从未有过成就感。没有完成的事情让我疲惫不堪，不知所措。

听起来很耳熟?

当我遇到我的人生导师尼尔时，一切都改变了。我当时根本不知道什么是人生导师，也不知道自己需要一个。我第一次真正与尼尔交谈，是在参加完一次会议后，我们同乘一辆网约车前往机场。她告诉我，她帮助成功女性提高工作效率，用更少的时间完成最重要的任务。我直截了当地问她：“我需要人生导师吗?”后来的事情你们都知道了，在她帮助我提高个人和事业的效率之后，她教我如何为自己喝彩。

这对我来说是一个陌生的概念，我相信对你来说也是如此。

在尼尔的帮助下，我意识到我没有花时间庆祝我的胜利。我只是完成任务，然后继续做下一件事，甚至没有花一点时间去感受成就感。而当我这一周遇到不顺心的事情时，我就会花很多时间去纠结。在我的一天中，负面的事情比正面的事情占据了更多的时间。有这种感觉的不只是我。

尼尔教给我的东西是，解决问题其实是我们大脑的工作——这就是为什么我们的想法会自动偏向负面。这就是为什么我们很容易把注意力放在令人讨厌的家长邮件或令人沮丧的员工会议上，而不是那个终于知道如何用10减6的孩子身上。

为了防止乌云遮住太阳，你必须有意识地创造时间来庆祝胜利。如果你不为胜利创造空间，你的大脑就会继续过度关注消极因素。你没有任何问题。我们都是普通人，这就是我们的思维方式。尼尔教我的过程很简单。

每周五下午，在回家过周末之前留出30分钟时间（如果觉得勉强或有压力，可以选择任何你觉得合适的时间）。我喜欢周五，因为我回家后会感到自豪，感到有成就感。

把这个时间写在日程本上，以免忘记。履行对自己的承诺。不要让自己用批改作业、备课或休息室闲聊来代替这段时间。这是你应得的时间。如果突然有事，请爱惜自己，重新安排与自己的这次约会。

我建议买一个超级可爱的笔记本和一些香味笔（你可能已经注意到了，这几乎是我所有事情的解决方案），但手机上的笔记应用程序也可以做到这一点。做你感觉良好的事情。现在到了最重要的部分：舒服地利用每周的时间，把一周中的每一个收获都列出来。不用担心字迹、语法或句子是否完整。（有老师以前说过这些话吗？）你唯一要做的就是列出一周内进展顺利的事情。这些事情可以是大胜利，也可以是小胜利。它们都算数。

尼尔称这份清单为“成就银行”。每周向这个成就银行存入一笔钱，可以帮助你专注于自己作为一名出色、高效的教师所展现的数十种方式。每周的存款会让你更加自信和快乐。你的学生、管理部门和团队会忘记告诉你，你是多么令人难以置信，但这些定期存款不会说谎。这个银行很快就会成为你热爱教师职业的理由。

我对你们总是实话实说。（我希望，我们能成为最好的朋友）。一开始，你很难想到一次胜利。你可能会想，“我这一周过得糟透了。没什么好事发生”。或者，你可能很难想起这一周开始时的任何事情。有时，这一周会显得格外漫长。我说得对吗？另外，你的大脑会试图告诉你，一场胜利不足以写进你的清单。但要克服这些想法。在这些想法之后的片刻，你的大脑就会提供好东西。

不要在达到目标之前就放弃。相反，写下你想到的每一次胜利，无论多么微小（小成就是大成就的垫脚石）。如果你很难记住本周早些时候取得的胜利，不妨在每天下班后花5分钟记下这些胜利。这可能是最适合你的系统！记住：别人永远不会看到这份清单。它只属于你自己！这就像你的秘密日记。你可以随心所欲地写。我不会说出去。

如果你觉得你没有任何成就……

这很正常！我在建立成就银行的初期也经历了同样的事情。

在我的教师社区中，我经常要求教师们分享他们本周的某次成就。结果让我很难过，但并不惊讶，因为这些帖子得到的回复通常比我所有其他帖子得到的回复要少。可能会有几位老师分享了自己的收获，但他们很快就会说自己的收获“很小”或“很傻”。

然而，在我发布的成就帖子中，我最常收到的评论是“我熬过来了”。虽然我喜欢让我的孩子们难堪，大声说“一开始我很害怕，我吓呆了”，但事实是，如果你整个星期唯一的胜利就是熬了过来，我替你感到害怕。在这里，我要向你坦白一件事。我有99.9%的把握认为，你在这一周里还有很多其他的成就——即使你这一周看起来很艰难。你只是因为那些讨厌的消极想法而难以专注于它们。教师或其他任何人都很容易陷入消极情绪中，因为我们的大脑会优先考虑消极情绪。

好消息是，当你习惯了认可和庆祝你的成就，你会发现这件事会慢慢变得越来越容易。你的大脑可以被训练来看到那些成就，并向你指出它们，就像它目前指出所有不顺利的事情一样。与此同时，我想给大家介绍许多不同类别的成就。

将这些想法作为起点。你可能有一个不属于这些类别的成就，但这不是问题。但是当你觉得你没有一项成就可以写在你的清单上的时候，就用这个清单吧。当你感到特别疲惫，找不到精力从头开始确定取得的成就的时候，使用这个清单。

当你的大脑给出的唯一胜利是你熬过了一周时，一定要用它。

师生关系

关系是教学的核心和灵魂。没有比与学生建立信任和开放的关系更重要的策略了。如果学生认为你不喜欢他们，他们就不会向你学习。让我们不要忘记寻找并庆祝这类成就。

- 你是否与学生交谈过，帮助你在更私人的层面上了解他们？
- 你有没有向你一直担心的学生表示过关切？
- 你有没有花时间去了解学生的文化或语言？
- 你有足够信任你的学生来找你谈论家里或学校发生的情况吗？
- 你有没有召开班会与学生交流并解决课堂上的问题？
- 你有没有向你的积极小分队征求关于如何帮助学生或与学生建立联系的建议？
- 你有没有帮助一组学生调和他们的分歧？
- 你讲授过关于多元化和包容性的课程吗？
- 你教过关于友谊的课程吗？

- 你是否为学生提供了与队友或小组合作的机会？
- 你让学生带一张夸奖便条回家或者给学生的监护人打了一个正向的电话吗？

学生成就

当然，当全班同学在数学单元测试中取得好成绩时，我们都会很兴奋。我们应该兴奋，这肯定是一个成就！但是不要忘记，学生的成功并不都与成绩挂钩。因此，教师的成功也不全与成绩挂钩！

你写下了你对成功的定义，我打赌这不仅仅是测试分数，只留意成绩单并不一定能凸显你的成就。不要害怕把学生的成功写在你的成就清单上。你为这一成功提供了经验、机会和环境。每个学生的胜利也是你的胜利！

- 你是否有学生在上课时有了“顿悟”？
- 是否有学生尝试了一些具有挑战性的高难度任务？
- 是否有学生克服了紧张情绪向你求助？
- 是否有学生在技能或作业方面帮助过其他学生？
- 是否有学生提出了一个很好的讨论问题？
- 你是否上过一节有效的小组课，学生们似乎在实现他们的目标方面取得了进展？
- 你是否有学生成功完成了错题修正？
- 学生是否完成了一个大型项目？
- 是否有学生为自己感到自豪？

你的课程

老师在自己的课上投入了大量的思考和创造力。你总是在寻找方法让你的课程更吸引人，更包容，对所有学生更有效。不要忘记庆祝这些成就！

- 本周你尝试了新事物吗？
- 你是否简化了课堂教学或程序？
- 你是否让学生站起来、动起来？
- 你是否注意到某节课没有衔接好，然后进行了现场修改以回到正轨？
- 本周的某节课中，你允许学生选择吗？
- 你在教学或活动中感到有趣吗？
- 你的学生在完成课程或活动时感到有趣吗？

工作效率

请记住，提高工作效率并不是要把待办事项清单上的每一件事都做完。这永远不会发生！相反，我们要专注于在预定的工作时间内完成最重要的任务。

- 你计划好本周的非教学时间了吗？
- 你完成下一批教案了吗？
- 你完成评分了吗？
- 你委托他人完成待办事项清单上的任务了吗？
- 你推迟或删除待办事项清单上的任何事项了吗？
- 你对不适合出现在你日程本上的事情说“不”了吗？
- 你利用计划时间完成任务了吗？

达成工作与生活的平衡

只有在工作和个人生活之间取得平衡，你才能真正热爱教学工作。不要听信那些声称不可能取得平衡的反对者。整本书都在为你提供简化教学的工具，这样你就可以享受更多的非工作时间。当你开始使用这些策略时，别忘了为自己庆祝！

- 你有没有在哪一天准时下班？
- 你是否整个星期都坚持自己决定的工作时间？
- 你花时间和你的积极小分队在一起了吗？
- 你有没有避免在家查看学校邮件？（如果没有，那么和上周相比有进步了吗？）
- 你是否避免了在家备课和批改作业？（如果没有，你是否比上周做得更好？）

关于这些成就，我希望你们注意一件非常重要的事情，那就是大部分成就都在你们的掌控之中。你们不是在等待标准化考试成绩，也不是在等待家长或管理人员的感谢邮件。我鼓励你们在取得这些成就时为之庆祝。但我希望你们看到，你们每周都在取得大量的成就。你们的成就在于你们付出的努力，而不是别人注意到了什么。这些都是你的闪光时刻！这些时刻都是你创造的，你要好好庆祝。

“勇敢坚毅的教师”每周成就

尽管我已离开了讲台，但作为“勇敢坚毅的教师”的首席执行官，我每周都会庆祝所取得的成就。每周庆祝成就有助于提醒我我们正在产生的影响。如果我不花时间去肯定我取得的成就，就很容易忽略我们在教育界所做的伟大事业，转而关注那些不顺利的事情或我们尚未完成的项目。

我仍然使用类似的程序找到我的成就。最大的不同是，我分享我的成就，而你不用。每周五下午，我拿着手机坐下来，把自己和团队在这一周里取得的所有进步都记录下来。我记录下我们学到的所有经验教训，以及我们努力工作的点点滴滴。我把所有这些成就都复制到我们公司的通讯应用程序中。我一定会标记所有参与项目或以某种方式为这些成就做出贡献的团队成员。无论我们这一周过得多么无聊或艰难，我总能想出至少一打成就来与我的团队分享。

在我分享成就之后，我鼓励我的团队补充我可能遗漏或不知道的其他成就。我鼓励他们指出在这一周中帮助过他们的任何团队成员。我的整个团队都期待着“勇敢坚毅的教师”每周成就，但他们可能都没有意识到我每周都在为自己做这件事。无论我从事这项工作有多久，我都需要这样的提醒：我的工作很重要，我正在发挥作用。我们都需要这样的提醒，我们不能等着别人来告诉我们。

庆祝你的成就

只要花点时间肯定自己的成就，这本身就是一件值得庆祝的事。它能给你带来成就感，让你的脸上露出笑容。我知道，写下我的成就总是会让我在周末感到自豪，甚至为下周的工作感到兴奋。有时，这就足以庆祝了。

其他时候，我真的想奖励一下自己。如果你也是这样，那就投入其中吧。你值得！当我们庆祝胜利时，我们更有可能朝着成功的定义继续努力。我们更有可能保护自己的界限，优先完成重要的任务。毕竟，你的大脑喜欢庆祝和奖励。它希望再次感受到这种快乐。

当尼尔建议我开始为特定的成就策划一些庆祝活动时，我不好意思地承认，我根本不知道该如何为自己庆祝。我已经失去了所有的爱好，我一直都很忙，甚至都不记得上一次为自己做点什么是什么时候的事了。听起来很熟悉吧？不要感到内疚。你越是问你的大脑如何庆祝你的成就，它就会越多地提出那些令人惊奇的想法。不要给自己施加压力，让自己想出一个好莱坞式的庆祝活动。无论如何，简单的东西通常是最好的！以下是一些让你开始头脑风暴的参考：

- 与配偶或朋友共度欢乐时光。
- 做指甲护理（在家或在你最喜欢的美甲沙龙）。
- 去外面吃晚餐。
- 在床上享用早餐。
- 在你最喜欢的小路上远足或骑车。
- 在你最喜欢的书店度过一个慵懒的下午。
- 穿着睡衣度过一天。
- 花一整个下午做你最喜欢的手工艺品。

不要为放纵自己而感到内疚，每一刻都是你应得的，花点时间让自己放松一下。

庆祝学生的成就

我希望自己在更小的时候就学会如何庆祝自己的成就。如果有人在我小时候就教我认识到自己成就的重要性，我成年后就会养成一个更好的习惯。相反，我是那种写完一篇研究论文，在开始下一个项目之前，几乎不会松一口气的学生。每天我都专注于必须完成的一系列任务。如果我完成了它们，我就步入了正轨，如果我没有完成任务，那我就落后了。我没有为自己的成功感到高兴，甚至没有注意到这一点。

既然你已经了解到庆祝自己的成就的重要性，那么你就有特殊的机会将这种习惯教给你的学生。他们可以从小就学会寻找微小的成就，而不是等着别人来夸奖自己，教会他们为自己的成就感到自豪。

我在课堂上使用的程序与我个人的成就记录程序非常相似。每个学生都有一本"周五日记"，可以是线圈笔记本，也可以是作文本，你甚至可以用多分层文件夹和活页纸。每周五的最后10分钟专门用来写日记，这与写作工作坊无关。这不是一项评分作业。相反，学生们要给自己的家长写一封信，告诉他们自己一周来的收获。格式并不重要，他们可以写成句子，也可以列出清单。练习的重要部分是深入挖掘并记录下他们在一周内完成或学到的令人惊叹的新事物。有时，我会在黑板上写下我们这一周完成的一些课程或活动，帮助他们集思广益，或者我也会写一些问题让他们思考。

- 本周你完成了令你骄傲的作业吗？
- 你学到了新东西吗？
- 你是否练习了一些对你来说具有挑战性的东西？
- 你帮助了同学或朋友吗？
- 你有没有举手发言并参与课程？
- 你是否写过或读过特别有趣的文章？

学生们会在周末把笔记本带回家。我们鼓励他们与大人分享笔记或清单，但这不是必需的（记住，有些人喜欢把自己的成就日记保密）。我跟学生们说，成年人都很忙，不可能每个成年人都有时间写便条，这不是必需的，这不是他们的家庭作业。从来没有学生因为没有收到回馈而感到失望。

但如果有，我就准备每隔几周给那个学生写一张简短的便条。

我很喜欢我的学生们开始期待在他们的“周五日记”中写作。他们为自己的周记感到骄傲。年末，当我们制作回忆录时，我的许多学生都选择写下他们是多么喜欢“周五日记”。这个简单的活动帮助我的学生认识到了自己的成长，他们学会了为自己的作品感到自豪，而这一切只需要一本笔记本和10分钟的课堂时间！

读完本章，如果你有时间，我希望你只做一件事：

创办成就银行。

每周为取得的成就而庆祝，是课堂上不断取得成功的催化剂。我们的大脑喜欢在我们不够好的时候告诉我们。是时候提醒你的大脑，你到底有多了不起了。每周五留出15—30分钟的时间，列出一周中大大小小的成就。让这成为你与自己的约会，不要中断。

用“勇敢坚毅的方式”庆祝你的成就

1. 每周选择一次时间记录自己的成就。
2. 教学生如何庆祝成就
3. 选择一些庆祝活动。

第九章

重新爱上教学的 21天计划

那是圣诞节的前夜，我家整个地板上都是闪闪发光的苹果酒和玻璃碎片。

在节日晚餐前，我请专业人员打扫了房子。我的女儿丹妮卡和麦肯兹至少花了一个小时来布置和装饰餐桌。我们精心挑选了完美的桌布和餐巾，在每个座位上都添置了酒杯，用于盛苹果起泡酒祝酒。最后的现场非常华丽，我拍了很多照片。

很快，我的家人就到了，颂歌响起，自制的意大利面也准备好了。我们开始把美味佳肴填满盘子。然后，一切都崩溃了。真的，整张桌子都塌了，装满苹果起泡酒的酒杯摔在地上，玻璃碎片从厨房飞到客厅。一盘盘的食物、蜡烛和黄油都掉到了地上。我干净整洁的家变得一团糟。我花了那么多时间来确保房子要多么干净，桌子要多么漂亮，但我却没有打好基础——桌子的稳定性。

说到教学，我们中的大多数人（不仅仅是你）都会犯这样的毛病：花大量时间在外表上，却忽略了基础。我们用可爱的主题装饰教室，给所有的东西贴上标签，在走廊里挂上艺术品，穿上可爱的教师T恤。这看起来不错，就像我的圣诞夜餐桌一样。但是，我们还没有建立制度，没有宣布界限，也没有学会在考试成绩之外认识到自己作为老师的价值。如果我们不做出一些改变，餐桌就会坍塌。我们将彻底失去对教学的热爱。

如果你在上课时给学生提供了大量不同的策略，会发生什么情况呢？如果他们像我的学生一样（我猜他们也是），他们就会不知所措，无所事事。如果一堂课过于烦琐，学生就会迷失方向。他们不知道从哪里开始。这就是为什么你（作为一名出色的教师）要将课程拆分成小块，帮助学生一步一步来。

如果你已经通读了全书，那么你就会知道，我已经为你提供了大量的工具，旨在为你打下坚实的基础。在一本书中提供这么多工具，感觉就像在课堂上上了一堂最大的课，没有人知道从哪里开始。但你们有我，我不会让你们束手无策。我将把这本书中的内容分解成21个小步骤。每天做一件小事，你就会彻底改变对教学的看法。只需21天，你就会疯狂地爱上自己选择的职业。你准备好迎接挑战了吗？

信守对自己的承诺

我的教练尼尔经常谈到要信守对自己的承诺。这是作为教师最难做到的事情之一，因为我们基本上被训练去做相反的事情。

我请她就如何保持通过阅读这本书所带来的所有惊人变化并继续热爱教学工作提供建议。她是这样说的：

“信守对自己的承诺是所有技能中的技能。这将决定你能否养成新习惯，决定你的未来是过去的再续，还是过上梦想的生活。

“信守对自己的承诺不是与生俱来的能力，这是一种必须培养的技能。但这是最好的消息。既然这是一种技能，就意味着你可以为自己创造这种能力，无论你是谁，也无论你过去曾经或没有履行过什么承诺。

“我们从社会中得到的信息是，我们应该把时间、精力和努力优先用于他人。我们中的许多人一想到为自己做的事情比为别人做的事情多，就会感到内疚。这样做，我们不仅会训练自己违背对自己的承诺，而且可能会因为长期忽视自己的内心认知，而到了连自己想要什么都不知道的地步。

“当你对自己说‘是’，并真正掌握信守对自己的承诺的技巧时，你就可以做任何事情。你从遵守对自己的承诺中养成的习惯，不会是你做了几个星期或几个月就放弃的习惯。

“这些习惯是用来坚持的。”

为了确保你不会忘记重新爱上教学工作的愿望，我很乐意每天给你发送一条简讯，提醒你迎接挑战。我保证，这些信息将简要、温馨，没有关于吃鱼、便便地毯或咬口腔保健师的故事。这些信息只会告诉你在21天挑战中的每日步骤，并鼓励你迈出这一步。你可以把我当成你的积极小分队里的一个成员。

你们的成功对我来说无比重要。这也是我写这本书的根本原因。我列出了21个小步骤，它们将给你的生活带来巨大的改变。把这一章作为未来3周的清单。向自己承诺，每天执行一个步骤。你可以把这本书放在你每天都能看到的地方。但如果你像我一样，过几天就会忘记，你会重新陷入不健康的生活习惯中（这就是我每年的减肥计划都无法成功的原因）。

这是你的书末作业。

你不必使用完整的句子。

拼写不计入成绩。

21天后交作业，但迟一点交也没关系。听起来不错吧？

第1天
写下你对成功的新定义

你写好你的定义了吗?

也许你觉得太抽象，所以跳过了那一部分。也许你只是略读，错过了那一部分。又或者，你的香水笔没墨水了，忘了回来写。不管是什么原因，好消息是现在还不算太晚。你仍然可以获得这项作业的全部学分。

如果你在这次挑战中什么都不做（那就太疯狂了），那就现在做这个吧。

在此之前，你很可能一直在用别人的定义来定义成功。这可能包括考试高分、拥有可爱的公告栏和精心设计的课程。坦率地说，这种陈旧的定义让教学失去了乐趣。成功是非常个人化的。这意味着成功的定义也必须是个人的。每位教师都必须确定自己对成功的定义。当你对成为一名优秀教师的意义有了清晰的认识，你就会清楚地知道哪些策略需要立即实施，哪些可以等待。前往第一章，使用简单的填空模板写出你的成功定义。

第2天
决定使用哪种日程本

今天是个有趣的日子！你所要做的就是挑选你的日程本。

我说的不是课程计划。我说的是一个日程本，你可以用它来计划你的非教学时间。你将用这个本子记录下完成特定任务的确切时间。这个日程本可以帮助你准确地跟踪你要批改试卷、批量制作教案和查看电子邮件的时间。

经常有人让我推荐日程本。每个人的情况都不尽相同，选择适合自己的日程本非常重要。我的最佳建议是保持简单。当一件事情简单的时候，你就更有可能坚持下去。因此，我可能会放弃子弹日记（除非你确定那就是适合你的日程本）。记住，使用一个简单的日程计划规划的应用程序是完全没问题的！如果你更喜欢纸质日程本（我肯定是个纸质本女孩！），我会建议你寻找一个细分到每天每小时规划的日程本。这样就能更容易地为你的每项任务安排一个非常具体的时间。

第3天
确定工作时间

我知道你刚买了一本新的日程本，但还是把笔和贴纸放下吧！在写新计划之前，你需要决定每周的工作时间。如果你不确定自己的工作时间，最终就会工作过度。你可能有合同规定的工作时间，但除此之外，你可以决定什么时候工作。没错，由你决定！

请翻至前文，了解一些帮助你决定理想工作时间的小贴士。

第4天
大脑转储和分类

我们常常要求大脑记住所有需要做的事情，这给大脑造成了负担。还有些时候，我们会列出多份根本不可能完成的清单。

这两种策略都会让我们在没有完成所有事情时感到失望。但事实上，我们并不需要完成所有事情！我们只需要完成最重要的任务。就是这样！

今天就安排一些时间，对你认为需要做的所有事情进行一次全面的头脑风暴，包括个人任务和专业任务。不要被清单的规模吓倒，你不可能在本周内完成所有任务。创建完这份大清单后，开始将清单上的每项任务分为重要任务、延迟任务、委托任务或删除任务。

请翻至前文，了解更多关于如何进行大脑转储和使用“3D”策略的详细信息。

第5天
任务规划

拿起笔，因为今天是你开始在自己挑选的精美日程本上书写的日子（这也很酷！）。你还需要昨天创建的重要任务清单。现在是时候分解每项任务，并安排时间（在工作时间内）完成任务了。关键是，任务必须足够小，你可以在你选择的时间内完成。我们不能只是写“批改作业”，而是写“批改5篇阅读读后感”。如果你正在批改作业，却只批改完了5篇作文，你就会觉得没有成就感，压力很大。如果你决定完成5篇作文的批改工作，并完成了这一小部分任务，你就会觉得自己是个超级英雄。请翻至前文，了解有关制定理想日程表的更多建议。

第6天
把握节奏

当然，我们有一份必须教授（并希望掌握）的课程标准清单。但你如何确保有足够的时间将这些标准逐一纳入你的课程计划中呢？你知道目的地，但现在你需要一张地图，以便知道如何到达目的地。进度指南就是你一年的课程地图。如果你已经为你所教的每一门学科制定了进度指南，你就可以拍拍胸口，兑现今天的“无家庭作业”通行证了。如果你还没有高质量的进度指南，今天就是你实现它的时候了。

你可以回到第二章，查看如何创建自己的进度指南（是的，老师允许你作弊！）。既然有人已经为你完成了工作，为什么还要从头开始呢？让我们来找一个已经完成的进度指南吧。

询问你所在年级的团队是否已经制作了进度指南。

加入你所在年级的线上群组，并在群组中询问是否有人创建了他们愿意分享的进度指南。

第7天
批量备课

批量处理类似任务是一种超级简单的方法，既能提高工作效率，又能在繁忙的日程表中腾出时间。与其每周为每个科目备课，你可以只为一个科目集中备课多周，从而加快备课进程。你可以使用两种不同的策略来批量制作教案。你可以每周为一个科目计划5周的课程，或者每周为一个科目计划一个完整的单元。每周计划5周的课程更容易在日历上跟踪。为整个单元制订计划需要在安排时间时更加用心，但从长远来看可以节省更多时间。无论哪种方法，它们都是有效的策略。

决定哪种批量备课计划最适合你的个性和当前的生活阶段。（要知道，这个决定并不是一成不变的，所以不要想太多。）请翻至前文，了解有关批量备课的类型和时间表示例的更多说明。

决定好批量备课类型后，在日程本上写上第一批课程的时间。

你难道不喜欢家庭作业可以有两种类型吗？

第8天
让例行活动成为朋友

每天和每周的例行活动会让备课变得更加轻松快捷。当每周一看起来都一样时，你就会清楚地知道每周需要准备什么。这样，你花在寻找新思路上的时间就会大大减少。

选择一个科目，并决定在未来两周内实施的每日和/或每周例行活动。请务必翻至前文，查看不同科目省时的每日和每周例行活动的示例。

第9天
化繁为简

我们常常匆匆忙忙地教授课堂程序，比如当学生需要上厕所或想读图书馆里的一本书时该怎么办。也许你感到有压力，必须在标准化考试安排之前，马上进入进度指南，教完所有的内容。

或者，如果你和我一样，可能根本没有意识到有这么多的程序需要教授。无论如何，当我们匆忙上完这些课时，我们就会在一整年里都感到非常沮丧。不幸的是，我们中的很多人都知道，当你的课堂感觉失控时，你很难喜欢上教学。

首先，找出一天中哪一门课或哪一部分学生在你的课堂上最不守规矩。列出你希望学生在那段时间里执行的程序、规则和常规。将这些课程添加到下周的计划中。

如果你是在暑假期间读到这篇文章，你也不能掉以轻心。

现在就计划在开学时花比平时更多的时间来学习程序。请翻至前文，了解一些简单有趣的常规和程序教学或复习方法。

第10天
审核你的系统

优质的系统能让课堂上的常规任务变得更简单、更快捷。如果我们的系统错综复杂、不合时宜，可能会给你带来额外的压力和时间消耗。今天就花点时间来检查一下你的课堂系统，包括休息时间、铅笔、行为规范和课堂工作。下面是一些需要问自己的问题：

我是否有针对这项特定任务的既定制度？

这个制度是否简单到我只需提供极少的帮助，学生就能完成？

这个系统目前每天/每周占用多少课堂时间？

如何简化该系统？

请务必翻至前文，了解我在课堂上使用的简化系统的一些示例。

第11天
使小组和中心活动更易于管理

小组活动是你从学生那里获得最多“灵光一闪”的时候，因为你能够提供差异化的支持。“灵光一闪”的时刻是工作中最有营养的部分之一，当然也有助于保持对工作的热爱。问题是，我们被教导要把中心和小组活动时间复杂化。我们每天与太多的小组会面，使用难以准备的中心活动，为小组制定不必要的复杂教案。

今天就花点时间来检查一下你的中心活动和小组活动时间的安排。

你能做出哪些改变来简化课堂上的这段时间？

第12天 玩最喜欢的游戏

也许你没有最喜欢的学生，但你一定可以有最喜欢的学科。你最喜欢教什么科目？为什么你认为自己擅长教授这门学科？你用什么策略帮助学生取得成功？列出一个清单！

现在，你最不喜欢教什么科目？看看你的策略清单，圈出可以用于你最不喜欢的科目的策略。你可能会惊讶地发现，在一门学科中行之有效的策略，在另一门学科中也同样有效。

请翻至前文，了解我是如何创建这份清单并用它来帮助我爱上写作教学的。

第13天 增加趣味

让我们明确一点：你不是生日派对上的小丑。你的工作不是娱乐学生。尽管如此，当我们的学生玩得开心时，教学也会更有趣。关键是要保持简单，这样你就不会太累，也不会因为看到学生玩得开心而不知所措。偶尔"大包大揽"是可以的，但长期而言，"简单"更具有可持续性。

返回第四章，查看一些为课程增添乐趣的简单想法。

只需选择一项，并将其添加到你未来两周的课程计划中。记住，我们要采取循序渐进的方式，而不是一次增加很多新东西。

第14天
少评分

跟着我说一遍："我不需要为学生完成的每一份作业评分。"再说一遍！一直说，直到你相信为止。学生完成作业不是为了得到分数。很多时候，作业只是练习。在学生准备好展示他们的知识之前，我们不想给他们评分。

今天的任务是对每周定期批改的作业进行审核。哪些作业可以停止批改？哪些作业只是为了练习，或者不能准确、公平地展示学生的知识水平？决定今后不再批改这些作业。

如果你需要一些帮助来识别不再需要批改的作业，请翻到第五章。

第15天
非正式评估

非正式评估是了解学生掌握学习进度的关键，而无须把一大堆试卷带回家批改。只需几分钟，你就能知道谁需要额外的支持或重新授课。非正式评估可以成为课堂常规和文化的一部分。

选择一种非正式评估，于下周在你的课堂上实施。需要一些想法吗？请回到前文查看包含各种可能性的清单。

第16天
写在日程本上

有意识地安排批改作业的时间，有助于避免周日晚上发生可怕的事情。

你知道那种感觉吗……当你意识到你装满试卷的公文包整个周末都没离开过你的车时？没错，就是这种感觉。

相反，你需要决定在你选择的工作时间内完成批改。成功的最佳方法是将批改工作分解成小任务，并在日历上准确安排完成每项小任务的时间。你可以安排时间“完成5次数学测验的批改”，而不是留出时间“进行数学测验的批改”。

把批改作业列入下周的日程表。

请翻至前文，了解安排批改时间的更多技巧。

第17天 寻求帮助

最成功的人都会寻求帮助。例如，职业足球运动员需要队友、教练、医务人员和训练员的帮助。他们才华横溢，但即使是他们也无法独自完成工作。而且，帮助别人的感觉非常好。在你的课堂上，给人们这样的机会！

如果条件允许（不要以为条件不允许），询问家长是否愿意每周或每隔一周在教室里做几个小时的志愿者。

即使家长没有教育学位，他们也可以通过很多方式在课堂上提供帮助。请翻至前文，了解一些可以为你节省大量时间的想法。

第18天 设置界限

界限允许你说“不”，今天我们要对全天候回复工作邮件说“不”。在私人时间看邮件很容易偷走你的快乐和时间。你不需要随叫随到。在收到邮件后的24个工作小时内回复邮件是完全可以接受的，也是非常专业的。

这是一项由两部分组成的作业，你需要完成两部分才能获得全部学分。

将你的工作邮箱应用从手机上删除。

设置一个“不在办公时间”的邮箱通知，周五下午离开学校时打开。可以这样写：“我周末不在学校，想多陪陪家人。你的留言对我非常重要，我一定会在周一给你回复。谢谢！”如果你想学习如何设定界限，请翻至前文。

第19天
加入积极小分队

每位教师都需要一支积极向上的团队。我们需要激励我们、鼓励我们坚守底线的人。我希望你的学校里至少有一个人可以成为你的团队成员。（需要提醒大家谁可以成为你的积极小分队成员吗？请翻至第七章。）

无论如何，我已经创建了一个由优秀教师组成的庞大社区。我们非常欢迎你加入我们的团队。你将立即与数以万计的教师分享想法、资源和诚勉之词。我们不必孤军奋战！

加入我们的年级线上群组。你就会发现每个年级都有很多不同的群组。

第20天
庆祝美好时光

你是一位了不起的老师。你每周都有许多大大小小的胜利。是时候允许自己庆祝所有这些时刻了。庆祝可以很简单，就像认可自己的成就一样。

今天就花点时间（或安排在周五下午），全面思考，总结本周所有的胜利。如果你在开始时需要帮助，请翻至前文，我们列出了几个不同的成就范例，一定会让你源源不断地发现自己的成就。

第21天
分享好消息

我希望这本书能给你带来很多新的策略，让你以更健康的心态来看待教师这份工作。更重要的是，我希望这些策略的实施能让你重新爱上教学工作。我希望每位教师都能做到这一点！

你的最后一项任务是与一位教师朋友分享本书。

你可以帮助另一位教师疯狂地、深深地爱上教学工作！

我想对你说

老实说，写这本书并不容易（我现在对所有图书的作者都充满了敬意！）。有无数次我都想放弃。我经历了两次怀孕、不停的孕吐和两次流产。如果能把这个梦想推迟到生活好起来的时候，那这个过程就太容易了，别人也不会有什么意见。

但我做不到。

我知道大家有多需要这本书。

我知道，无数优秀、富有同情心且才华横溢的教师正纷纷离开课堂。更多的教师留了下来，但他们已经精疲力竭，很快就失去了对教学的热爱。这是不可持续的。这本书不能等。你不能再等了。

我为你能坚持阅读到本书结束而感到骄傲。我知道你很忙，你的时间非常宝贵。既然你是那种会为自己的胜利而庆祝的人，那么请确保你把读完这本书列为一种胜利。如果你完成了21天的任务，那么你肯定赢得了自己的特别奖励。你已经从我这里赢得了一个A+！你的成功是必然的。

愿你永远不要忘记，你不是一个懦弱的老师，愿你永远疯狂地爱上教学。

ACKNOWLEDGMENTS

致谢

很久很久以前，有一个小女孩梦想着写一本书。她利用课间休息时间阅读词典，为自己的故事添加“有趣”的词语（显然，她在其他3年级学生中不太受欢迎）。这个想成为作家的女孩甚至给她最喜欢的作家安·马丁寄了无数封信，询问如何成为一名出版作家。

那个小女孩就是我！30多年后，我真的写了一本书并出版了！但我肯定不是靠自己就实现了这个梦想的。

感谢斯科特一直鼓励并允许我追求自己的疯狂想法。你一直是我最忠实的粉丝，也是第一个向我索要签名的人。

感谢凯勒、丹妮卡、麦肯兹、莱妮、艾达琳和黑兹尔让我在书中分享了这么多关于你们的故事（尽管我没有给你们选择的机会）。我真心希望我能成为一名优秀的老师和母亲，因为你们值得拥有最好的。

感谢“勇敢坚毅的教师”团队：贝兹、林赛、戴安娜、丽萨、凯蒂、玛丽、肯德拉和艾琳。你们都异常优秀，每天都在创造奇迹。另外，我永远感谢你们能容忍我无数次地引用《生活大爆炸》里的台词。

感谢我的创业导师里克·穆尔雷迪。我喜欢你在所有静修会上提供的玉米饼，感谢你为帮助我在教育界产生巨大影响所做的一切。感谢我的人生导师尼尔·威廉姆斯。在遇到你之前，我根本不知道自己需要人生导师。现在，我想知道没有你，我怎么做得到？

感谢我的合作者梅根·史蒂文森。每周例会上的欢声笑语将是我写这本书时最美好的回忆！不过说真的，你让我的文字读起来好多了。我甚至不需要词典，每个作家都需要一个梅根。

感谢我的经纪人史蒂夫·特罗哈。你挺身而出，力挽狂澜。感谢企鹅兰登书屋的每一位员工，是你们让这个庞大的文档变成了一本真正的书，其中包括维罗妮卡·维拉斯科、海伦·希利、卡林·基农纳、马德琳·罗林、梅根·格里蒂、梅根·卡瓦诺、玛丽·凯特·斯凯汉、杰奎琳·加林多、劳伦·莫纳汉、萨瓦娜·毕夏普、玛戈特·斯塔玛斯、斯蒂芬妮·布罗迪、莎拉·布罗迪、布莱恩·莱姆斯、安德鲁·刘、内奥米·周、珍·休尔、艾米丽·米尔斯、安娜·沙伊特豪尔、杰西卡·瑞珍、布里娅·桑福德、尼基·帕帕佐普洛斯和阿德里安·扎克海姆。